Klaus Poppenberg

Feuer Gottes - Erwecke mich, Herr!

Klaus Poppenberg

Feuer Gottes - Erwecke mich, Herr!

Persönliche Erweckung (er)leben

Fromm Verlag

Impressum/Imprint (nur für Deutschland/ only for Germany)
Bibliografische Information der Deutschen Nationalbibliothek: Die Deutsche Nationalbibliothek verzeichnet diese Publikation in der Deutschen Nationalbibliografie; detaillierte bibliografische Daten sind im Internet über http://dnb.d-nb.de abrufbar.

Coverbild: www.ingimage.com

Contact:
International Book Market Service Ltd., 17 Rue Meldrum, Beau Bassin, 1713-01 Mauritius
Website: www.bookmarketservice.com
Email: info@bookmarketservice.com

Gedruckt in: USA, UK, Deutschland. Dieses Buch wurde nicht in Mauritius produziert.

Imprint (only for USA, GB)
Bibliographic information published by the Deutsche Nationalbibliothek: The Deutsche Nationalbibliothek lists this publication in the Deutsche Nationalbibliografie; detailed bibliographic data are available in the Internet at http://dnb.d-nb.de.

Cover image: www.ingimage.com

Contact:
International Book Market Service Ltd., 17 Rue Meldrum, Beau Bassin, 1713-01 Mauritius
Website: www.bookmarketservice.com
Email: info@bookmarketservice.com

Printed in: U.S.A., U.K., Germany. This book was not produced in Mauritius.

ISBN: 978-3-8416-0276-3

Widmung und Dank

Ich widme dieses Buch meiner Frau Mirjam.
Sie ist eine ständige Bereicherung und unentbehrliche Stütze
für mein Leben und für meinen Dienst als Pastor,
und sie ist meine ständige Ermutigung.

Mein Dank gilt allen, die es mir direkt und indirekt ermöglicht haben,
dass ich dieses Buch schreiben und veröffentlichen konnte.

Inhalt

Vorwort

Nun bin ich schneller dazu gekommen, ein Buch zu schreiben, als ich gedacht habe. Manchmal erscheint es ja fast wie eine Modewelle, dass jeder Pastor ein Buch oder auch gleich mehrere Bücher schreibt.

Ich gestehe es ganz offen, dass ich auch schon früher mit dem Gedanken gespielt habe, ein Buch zu schreiben. Aber bis vor kurzer Zeit haben mich verschiedene Dinge davon abgehalten: z.B.: Zu welchem Thema habe ich schon so viel zu sagen, dass jemand oder gar mehrere Menschen dazu ein ganzes Buch lesen wollen? Manchen sind meine Predigten ja schon zu lang. Dann einen Verlag finden, der es einem Unbekannten ohne Position oder Rang und Namen ermöglicht, ein Buch zu veröffentlichen und vieles mehr.

Alle diese Fragen wurden ganz einfach beantwortet - nämlich typisch für Gott: und es begab sich. So kam ganz schnell ein Puzzle-Teil zum anderen. Jetzt liegt tatsächlich mein erstes Buch vor.

In meinem Leben habe ich einen geistlichen Hunger danach, in enger, lebendiger Beziehung zu meinem Gott zu leben. Ich möchte nicht religiös sein oder die Pflichten eines Christen erfüllen. Ich sehne mich nach erwecktem, feurigem Gottesglauben in meinem Leben.

Dieses Buch schreibe ich übrigens in der du-Form, weil ich meine Leserinnen und Leser gerne persönlich ansprechen möchte. Ich hoffe, dass ich durch diese persönliche Anrede niemandem zu Nahe trete.

Dieses Buch soll in dir ein neues Verlangen erwecken, näher und tiefer in der Beziehung zu Gott zu leben. Wer sich von Gottes Feuer entzünden lässt, wird begeistert sein Leben als Christ leben. Gott ist Leben. Wer sich auf ihn einlässt, wird merken, wie dieses Leben überspringt, entzündet und sich immer weiter ausbreitet.

Mein Gebet ist es, dass dich dieses Buch entzündet und verändert. Gott ist bereit, dir sein Feuer zu geben. Bist du es auch?

Einführung

Dieses Buch ist als Arbeitsbuch gedacht. Es soll nicht nur dem Konsum dienen, sondern zum Weiterdenken, Nacharbeiten und vor allen Dingen zur Umsetzung anregen. Entsprechend sind nicht alle Definitionen oder Wortstudien bis ins Detail dargestellt, sondern jeweils nur so weit wie nötig, um den Inhalt des jeweiligen Abschnitts gut verstehen zu können. Ich lege es dir ans Herz, alle Bibelstellen selber nachzulesen und betend darüber nachzudenken.

Am Ende von jedem Kapitel gibt es eine kurze Zusammenfassung, um die Inhalte des Abschnitts noch einmal komprimiert zu formulieren. Die Zusammenfassung ist sozusagen eine kurze Inhaltsangabe des jeweiligen Kapitels.

Nach der Zusammenfassung folgt ein mögliches Gebet, das du als Leserin / Leser aufgrund der gerade gelesenen und studierten Inhalte beten könntest. Ich bin davon überzeugt, dass Gott dein ernsthaftes Gebet erhört. Dieses Buch wird dir größtmöglichen Gewinn bringen, wenn du es betend und mit offenem Herzen Gott gegenüber liest.

Grundlagen

Bevor wir richtig in das Thema dieses Buches *„Feuer Gottes - Erwecke mich, Herr!"* einsteigen, sollten noch einige Grundlagen geklärt sein. Das Thema dieses Buches, die Person des Heiligen Geistes und andere geistliche Wahrheiten werden erst verständlich, wenn wir auch in der Lage sind, geistliche Dinge zu verstehen. Dem Menschen, der ohne Beziehung zu Gott lebt, können geistliche Wahrheiten manchmal seltsam vorkommen.

Wer sich aber zu Jesus Christus hinwendet und durch den Heiligen Geist wiedergeboren wird, der kann geistliche Dinge verstehen. Dazu muss man keiner speziellen Gemeinde angehören. Es sind auch keine Wochenendseminare für mehrere Tausend Euro nötig. Wer sich an Jesus Christus wendet und dieses neue Leben haben möchte, der bekommt es. Völlig unabhängig von Menschen, Kirchen und Religionen.

Jeder Mensch braucht Erlösung

Die Bibel spricht davon, dass Gott den Menschen als sein Gegenüber geschaffen hat, um mit ihm in Beziehung zu leben. Gott schuf den Menschen in seinem Bilde, ihm ähnlich.

> *Genesis 1,26-27*
> *Und Gott sprach: Lasst uns Menschen machen in unserm Bild, uns ähnlich! Sie sollen herrschen über die Fische des Meeres und über die Vögel des Himmels und über das Vieh und über die ganze Erde und über alle kriechenden Tiere, die auf der Erde kriechen! Und Gott schuf den Menschen nach seinem Bild, nach dem Bild Gottes schuf er ihn; als Mann und Frau schuf er sie.*

Durch die Sünde von Adam und Eva sind alle Menschen zu Sündern geworden[1] und können deshalb nicht mehr in Beziehung mit Gott leben. Der Mensch muss für die Wiederherstellung der Beziehung zu Gott aus diesem Zustand erlöst werden. Deshalb sandte Gott aus Liebe zu allen Menschen seinen eigenen Sohn Jesus Christus[2], damit dieser stellvertretend für alle Menschen die gerechte Strafe für die Sünde trägt[3].

Alle Menschen, die den Namen des Herrn anrufen, um erlöst zu werden, werden von Jesus gerettet. Schuld und Sünde vergibt Gott. Paulus schreibt, dass dadurch ein neues Leben beginnt[4]. Der Mensch wird von neuem geboren zu einer neuen Schöpfung. Diese Wiedergeburt, wie die Bibel sie versteht, hat gar nichts mit Reinkarnation zu tun. Auf dieser Erde lebt der Mensch nur einmal. Es gibt kein nächstes und übernächstes Leben, in dem alles besser wird.[5]

Alle Menschen, die den Namen des Herrn anrufen, werden von Jesus errettet.

Gemäß der Bibel ist jeder Mensch ein Sünder und braucht Erlösung. Gott macht jedem Menschen das Angebot, erlöst zu werden. Wer sich eingesteht, dass er in den Augen Gottes ein Sünder ist, braucht nur eine Kleinigkeit zu tun, um persönlich diese Erlösung zu erleben. Das kurze, ehrliche Gebet *„Herr, sei mir Sünder gnädig"* reicht aus.

Sündenvergebung und Erlösung können bei Gott nicht verdient werden. Keine Leistung, diakonisch, sozial, moralisch oder ethisch kann Gott irgendwie beeindrucken. Die Liebe Gottes lässt sich nicht erarbeiten. Alles, was Gott gibt, ist immer ein Geschenk. Die Bibel nennt das Gnade. Gnade ist immer ein Geschenk, für das keine Gegenleistung nötig und möglich ist. So verhält es sich auch mit dem Angebot, von Sünde und Schuld erlöst zu werden. Es ist ein Geschenk. Gott möchte uns damit beschenken, dass wir wieder in Beziehung mit ihm leben können.

Er sehnt sich danach. Er sehnt sich nach dir!

Diese Entscheidung für die Erlösung durch Jesus Christus muss jeder Mensch selber treffen. Das Angebot Gottes ist da. Es anzunehmen, ist unsere Sache. Wenn du noch nie in deinem Leben bewusst ein Gebet gesprochen hast, mit der Bitte, dass Gott dir durch Jesus Christus alle deine Sünden vergibt und dich erlöst von den Konsequenzen der Sünde, dann ist es jetzt ein guter Moment, um inne zu halten und folgendes Gebet zu sprechen.

Mögliches Gebet

Herr Jesus, ich habe erkannt, dass ich ein Sünder bin und Erlösung brauche. Danke, dass du bereits die Strafe für meine Sünden getragen und bezahlt hast. Bitte vergib mir meine Schuld. Bitte erlöse mich. Mach du mich zu einem Kind Gottes und schenke mir das neue Leben, von dem die Bibel spricht. Amen.

---

[1] Römer 5,12

[2] Johannes 3,16

[3] 1.Korinther 15,3

[4] 2.Korinther 5,17

[5] „Und wie es den Menschen bestimmt ist, einmal zu sterben, danach aber das Gericht" (Hebräer 9,27)

Gottes Sehnsucht

Johannes 4,23-24
Es kommt aber die Stunde und ist jetzt, da die wahren Anbeter den Vater in Geist und Wahrheit anbeten werden; denn auch der Vater sucht solche als seine Anbeter. Gott ist Geist, und die ihn anbeten, müssen in Geist und Wahrheit anbeten.

Gott sehnt sich nach Beziehung mit dir!

Diese Aussage von Jesus ist einem Gespräch zwischen ihm und einer samaritischen Frau entnommen. Über das natürliche Verlangen, trinken zu müssen, kommen sie in ihrem Gespräch auf die Thematik, wie und wo die Anbetung Gottes zu erfolgen hat. Die theologischen Differenzen in der Anbetung zwischen Juden und Samaritern erspare ich uns an dieser Stelle.

Die Frau fragt danach, wo Gott angebetet werden soll. Jesus antwortet und erklärt ihr das „Wie". Er revolutioniert das Verständnis der Anbetung, die nach mosaischem Gesetz in gewissen Ritualen zu erfolgen hat. Es geht nicht mehr um eine Form, ein Ritual oder einen Ort. Jetzt kommt es auf die Art und Weise an. Anbetung soll in Geist und Wahrheit geschehen.

Gottes Sehnsucht

Es scheint seltsam, dass Gott etwas sucht. Doch die Aussage von Jesus ist unmissverständlich. Gott hat alles, was er braucht. Er ruht in sich selbst. Der allmächtige Gott braucht nichts für sein Wohlbefinden, damit es ihm emotional besser gehen würde. Die Bibel beschreibt ihn doch als die Quelle allen Lebens.

Gott ist nicht auf der Suche nach *etwas*, sondern nach Personen. Er sucht Menschen, die eine bestimmte Eigenschaft mitbringen. Sie sollen Anbeter sein, die in

Geist und Wahrheit anbeten. Gott sucht Menschen, die in Beziehung mit ihm leben möchten. Gott sucht Beziehung.

Gottes Sehnsucht in der Bibel: Gemeinschaft mit seinen Menschen

Diese Eigenschaft Gottes, Beziehung zu leben, finden wir wie einen roten Faden in der ganzen Bibel. Es beginnt mit der Schöpfung. Gott erschafft den Menschen in seinem Bild, ihm ähnlich, als Gegenüber für Beziehung. Das unterscheidet den Menschen von jedem Tier. Der Mensch ist als Ebenbild Gottes erschaffen. Wir lesen davon, dass Gott regelmäßig Zeit mit seinen Menschen verbringt.

> *Genesis 3,8*
> *Und sie hörten die Stimme Gottes, des HERRN, der im Garten wandelte bei der Kühle des Tages.*

Jahre später beruft Gott Abraham und kündigt an, dass die Nachkommen Abrahams ein großes Volk werden sollen. In der Geschichte von Abraham, Isaak und Jakob entdecken wir die Liebe Gottes zu seinem Volk Israel.

Unter der Leitung von Mose zieht das ehemals versklavte Volk Israel aus Ägypten aus. Gott gibt Mose Anweisungen, wie die Stiftshütte gebaut werden soll. Es ist eine Art „mobile Kirche", die bei Fortsetzung der Wanderung abgebaut, transportiert und dann wieder errichtet werden kann. Im Allerheiligsten dieser Stiftshütte erscheint Gott dem Mose und redet mit ihm. Gott möchte nahe bei seinem Volk wohnen. Unter der Herrschaft von König Salomo wird aus der „mobilen Kirche" dann ein aus Steinen gebauter Tempel.

Aber das alles stellt die Sehnsucht Gottes noch nicht zufrieden. Da ist immer noch das Problem der Sünde, die eine Trennung zwischen Mensch und Gott geschaffen hat. Wirkliche Beziehung zwischen dem heiligen Gott und dem sündigen Menschen ist nicht möglich.

Deshalb entscheidet Gott sich zu einem drastischen Schritt. Er sendet seinen Sohn Jesus Christus, der als Mensch unter seinem Volk lebte. Wieder ist er seinen geliebten Menschen näher gekommen, muss aber erleben, dass sein eigenes Volk ihn nicht annimmt.

> *Johannes 1,10-11*
> *Er war in der Welt, und die Welt wurde durch ihn, und die Welt kannte ihn nicht. Er kam in das Seine, und die Seinen nahmen ihn nicht an.*

Jesus stirbt am Kreuz und erleidet damit stellvertretend die Strafe, die eigentlich jeder Mensch hätte erleiden müssen. *„Der Lohn der Sünde ist der Tod"*, so schreibt es Paulus in seinem Brief an die Römer[1].

Jeder, der den Namen des Herrn anruft und damit das Angebot der Erlösung durch Jesus Christus annimmt, der wird gerettet und zu einem Kind Gottes. Die ehemals zerstörte Beziehung wird wieder hergestellt. Beziehung ist wieder möglich. Der Mensch kann wieder mit Gott versöhnt leben.

Es gibt nur noch eine Steigerung: Eines Tages werden alle Menschen, die an Gott glauben, wie die Bibel es sagt, bei ihm im Himmel sein. Dort werden sie Gott von Angesicht zu Angesicht sehen und für immer bei ihm sein, in seiner direkten und unmittelbaren Gegenwart.

Gott sucht

Die Aussage von Jesus, dass Gott Anbeter sucht, macht mich nachdenklich. Wir suchen etwas, das wir verloren haben. Manchmal suchen wir auch etwas und wissen nicht ganz genau, was wir eigentlich suchen. Gott hat eine Sehnsucht, die er genau kennt. Gott sucht Anbeter. Und Anbeter scheinen rar zu sein.

Was unterscheidet denn den Menschen von Engeln, die ja Tag und Nacht Gott anbeten? Aller Lobpreis und alle Anbetung der Engel kommen der Anbetung von uns erlösten Menschen nicht gleich. Engel sind geschaffen zum Lobpreis. Wir entscheiden uns dazu, Anbeter Gottes zu sein.

Eine Sache, die mich an Gott immer wieder erstaunt, ist die Tatsache, dass er immer den freien Willen und die Entscheidung des Menschen respektiert. Niemals erzwingt Gott etwas von uns. Gott zwingt uns auch nicht zur Anbetung nach dem Motto *„Wenn du mich wirklich liebst, dann ...“*.

Gott sucht nach Menschen

Gottes Sehnsucht ist nicht nach einer Sache, einem Gefühl oder einer Leistung, mit der ein Mensch ihn glücklich machen könnte. Gott sucht keine Leistung. Er sucht auch nicht nach Anbetung. Seine Sehnsucht gilt den Anbetern. Sein Verlangen gilt Menschen, die in Beziehung zu ihm leben wollen. Gott sucht den Menschen als Anbeter, als Person.

Eine Eigenschaft von Anbetern ist es, Gott anzubeten. Das muss man ihnen nicht erklären. Sie machen es einfach.

Anbetung spiegelt unsere Beziehung zu Gott wider

Gott sucht Anbeter.

Vieles, was wir als Anbetung bezeichnen, ist nur eine Ausdrucksform. Seien es Lieder oder Gebete. Beides sind Möglichkeiten, wie ein Mensch Anbetung ausdrücken kann. Anbetung geschieht von Herz zu Herz. In der Anbetung drücken wir die Liebe aus, die wir für Gott empfinden.

Zwei Menschen, die sich ineinander verliebt haben, sind so kreativ darin, ihrer Freundin, ihrem Freund diese Liebe auszudrücken und mitzuteilen. Da gibt es den klassischen Liebesbrief, eine rote Rose, eine Einladung zum Essen oder einen überraschenden Ausflug. Grenzen werden nur durch die Kreativität der Verliebten gesetzt - naja, und vielleicht durch das, was im Portemonnaie ist.

So kreativ, wie verliebte Menschen sind, um sich immer wieder wissen zu lassen *„Ich liebe dich!"*, dürfen wir auch sein, wenn es darum geht, Gott zu sagen, was wir für ihn empfinden. Das ist Anbetung. Ich drücke Gott gegenüber aus, wie viel er mir bedeutet. Ich entscheide mich zur Anbetung. Freiwillig! Nicht, weil ich dazu geschaffen bin und keine andere Wahl hätte, sondern weil ich es will.

Fazit

Gott sucht Anbeter. Gott hat Sehnsucht nach seinen Menschen, die er in seinem Bild als Gegenüber geschaffen hat. Durch die ganze Weltgeschichte hindurch sehen wir Gottes Sehnsucht. Bis heute sucht Gott nach Anbetern. Willst du dich finden lassen? Möchtest du dich auf einen Lebensstil der Anbetung einlassen?

Mögliches Gebet

Himmlischer Vater, ich danke dir, dass du mich in deinem Ebenbild geschaffen hast. Danke, dass ich dein Kind sein darf: erlöst, von aller Schuld und Sünde befreit. Ich möchte auch ein Anbeter sein. Wenn du nach Anbetern suchst, dann sollst du mich finden. Ich möchte jemand sein, der dich in Geist und Wahrheit anbetet. Amen.

---

[1] vgl. Römer 6,23

Feuer

Eigenschaften von Feuer

Feuer erzeugt Licht. In unserer Zeit sind wir nicht mehr mit Fackeln oder Öllampen unterwegs. Wir drücken bei uns in der Wohnung auf einen Schalter und es wird hell. Wer ganz modern eingerichtet ist, der braucht nur in die Hände zu klatschen, um das Licht ein oder aus zu schalten. Aber das Prinzip ist ähnlich: aus Energie wird Licht. Bei einem Feuer geschieht das durch Verbrennung von Holz und anderen Brennstoffen.

Feuer wärmt uns. Gerade in der kalten Jahreszeit ist das sehr angenehm. Sei es am offenen Kamin, eine Gasheizung oder ein Ölofen. Ich bin dankbar, dass wir diese Möglichkeiten haben, um zu heizen. Während ich diese Zeilen schreibe, sitze ich neben der Heizung. Draußen haben wir etwa dreizehn Grad unter Null. Feuer in Form einer Heizung ist etwas sehr Angenehmes!

Feuer reinigt. In Hochöfen wird bei hohen Temperaturen Metallerz geschmolzen. Dabei setzen sich alle Verunreinigungen als Schlacke oben auf dem flüssigen Metall ab. Man kann sie abschöpfen und bekommt dann das reine Metall, ohne jegliche Verunreinigung. Silbererz wird bis zu siebenmal auf diese Art geläutert. Nachher ist die Oberfläche des reinen, flüssigen Silbers ganz klar wie ein Spiegel.

Feuer wird für die Fortbewegung benötigt. Die meisten Autofahrer sind mit einem Verbrennungsmotor unterwegs. Durch die kontrollierte Verbrennung des Treibstoffs im Motor wird die dabei entstehende Energie umgewandelt und sorgt dafür, dass wir mit hundertachtzig km/h über die Autobahn rasen können. - Natürlich nur dort, wo es auch erlaubt ist.

Feuer wird, wenn es außer Kontrolle gerät, zu einer großen Gefahr. Jedes Jahr im Sommer hören wir in den Nachrichten von Waldbränden in Südeuropa, Kalifornien oder Australien. Ein regelmäßig wiederkehrender Satz dabei ist häufig: *„Das Feuer ist noch nicht unter Kontrolle."*

Die Schäden für Menschen, Flora und Fauna werden dann in Zahlen beschrieben, mit denen wir aber meistens nicht viel anfangen können. *„Die Schäden gehen in die Millionen-Höhe."* - So viel Geld werden wir wahrscheinlich nie auf einem Haufen sehen. Oder können wir uns wirklich vorstellen, was fünfhundert Hektar zerstörte Waldfläche sind? Unser Garten mit fünfhundert qm sind gerade 5 Prozent eines Hektars.

Feuer in der Bibel

„Feuer" ist ein Begriff, der recht häufig in der Bibel vorkommt. Insgesamt kommt dieses Wort über fünfhundert Mal vor[1]. Etwa neunzig Verwendungen beziehen sich auf Gott selbst, auf seinen Charakter und seine Eigenschaften. Wir lesen wiederholt davon, dass Gott als verzehrendes Feuer beschrieben wird:

> *Exodus 24,17*
> *Das Aussehen der Herrlichkeit des HERRN aber war vor den Augen der Söhne Israel wie ein verzehrendes Feuer auf dem Gipfel des Berges.*

> *Deuteronomium 4,24*
> *Denn der HERR, dein Gott, ist ein verzehrendes Feuer, ein eifersüchtiger Gott!*

> *Deuteronomium 9,3*
> *So erkenne denn heute, dass der HERR, dein Gott, es ist, der vor dir her hinübergeht als ein verzehrendes Feuer. Er selbst wird sie vernichten und er selbst wird sie vor dir demütigen. Und du wirst sie vertrei-*

ben und sie schnell umkommen lassen, so wie der HERR zu dir geredet hat.

Wer dachte, dass es nur eine alttestamentliche Bezeichnung ist, Gott mit einem verzehrenden Feuer zu vergleichen, der wird vom Schreiber des Hebräerbriefes sicherlich überrascht sein.:

Hebräer 12,29
Denn auch unser Gott ‚ist ein verzehrendes Feuer'.

Mit diesem Zitat wird diese Eigenschaft Gottes auch im Neuen Testament bestätigt und unterstrichen. Aber eigentlich ist das ja auch ganz klar. Gott verändert sich nicht[2].

Denn auch unser Gott ist ein verzehrendes Feuer!

In der Offenbarung lesen wir davon, dass im neuen Jerusalem keine Sonne oder andere Lichtquelle mehr nötig sein wird. Gott selbst wird die Stadt mit seinem Licht, mit sich selbst erhellen[3]. Jakobus beschreibt Gott sogar als *„Vater des Lichts"*[4].

Weitere Beispiele aus der Bibel

Gott erscheint Mose in einem brennenden Dornbusch[5]. Ein Busch, der in der Wüste brennt, ist ja nichts besonderes. Bei den hohen Temperaturen entzündet sich ausgetrocknetes Holz sehr schnell. Das Besondere an diesem Busch war jedoch, dass er brannte, aber dabei nicht verbrannte! Das weckte die Neugier von Mose, als er diesen brennenden Busch sah.

Während der Wüstenwanderung des Volkes Israel geht Gott vor seinem Volk her, am Tage in Form einer Wolkensäule und in der Nacht in Form einer Feuersäule.[6] Auch das ist übrigens eine Form, wie Gott sein Volk in der Wüste versorgt hat. Eine Wolkensäule, die in der brennenden Wüstensonne einen Schatten wirft. Die Temperaturunterschiede in einer Wüste können sehr groß sein. So spendet die Feuersäule in der Nacht Licht, gibt aber auch Wärme ab, um die extremen Temperaturunterschiede auszugleichen und die Nachttemperatur für die Israeliten angenehmer zu machen.

In der Frage, wer Gott in Israel ist, Baal oder der Gott der Bibel, ist es Gott und nicht Baal, der mit Feuer vom Himmel her antwortet und das Gebet von Elia erhört.[7]

Feuer Gottes in unserem Leben

Wir müssen verstehen, dass das Feuer Gottes kein physisches Feuer in dem Sinne ist, wie vielleicht der eine oder andere beim Lesen gerade ein Kamin- oder Lagerfeuer vor Augen hat. Doch ist das göttliche Feuer in seiner Wirkungsweise in mancher Hinsicht einem natürlichen Feuer ähnlich.

Wenn sich ein Mensch mit dem Gott einlässt, der als ein verzehrendes Feuer beschrieben wird, dann wird er automatisch auch mit diesem göttlichen Feuer in Kontakt kommen. Was bewirkt das Feuer Gottes im Leben eines Menschen, der sein Leben mit Gott lebt? Welche Auswirkungen finden wir da?

Gottes Feuer gerät niemals außer Kotrolle

Zuerst eine ganz wichtige Nachricht: Das Feuer Gottes gerät niemals außer Kontrolle! Von dem Feuer des Heiligen Geistes geht niemals Risiko, Verletzung oder Gefahr aus. Gott verliert nie die Beherrschung oder hat sich nicht mehr unter Kontrolle. Er ist und bleibt alle Zeit voller Gnade und Liebe. Der Gott der Bibel ist in keiner Weise mit irgendwelchen Göttern aus der antiken Mythologie zu vergleichen, die nach Lust und Laune ihren Frust an den Menschen auslassen.

Gottes Feuer verursacht keine Brandwunden!

Die bedingungslose Liebe Gottes zu allen Menschen hat der Evangelist Johannes in seinem Evangelium hervorragend beschrieben:

Johannes 3,16
So sehr hat Gott die Welt geliebt, dass er seinen eingeborenen Sohn gab, damit alle, die an ihn glauben nicht verloren gehen, sondern das ewige Leben haben.

Gott ist Liebe. „*Er ist ein menschenverliebter Gott*", so formuliert es ein befreundeter Pastor gerne. Deshalb tut Gott nie etwas, was uns schaden könnte. Er ist immer auf unser Wohl bedacht. Somit wird uns auch das Feuer Gottes nicht beschädigen, verletzen oder physische Schmerzen bereiten. Ganz im Gegenteil. In seinem Licht wird unser Leben hell. Aus unserer Finsternis macht er Licht, wie es in einem Psalm heisst:

Psalm 18,29
Der HERR, mein Gott, erhellt meine Finsternis.

Orientierung

In Momenten der Orientierungslosigkeit oder wenn wir keinen Ausweg mehr sehen und scheinbar alles finster aussieht, ist Gott bei uns. Sein Wort möchte uns Licht auf unserem Lebensweg sein, so heisst es in Psalm 119,105:

„Eine Leuchte für meinen Fuß ist dein Wort, ein Licht für meinen Pfad."

Gott ist nicht fern. Wer ihn sucht, der wird ihn finden.[8] Wer nach Gott fragt, wird Antwort bekommen. Sein Wunsch ist Beziehung zu seinen Menschen. Er hat seinen Sohn Jesus gesandt, damit wir ein lebenswertes Leben leben können. So formuliert es Jesus selber-

Johannes 10,10
Ich bin gekommen, damit sie Leben haben und es in Überfluss haben.

Der Überfluss, von dem Jesus hier spricht, meint nicht zuerst finanziellen und materiellen Überfluss. Es geht um ein lebenswertes Leben im Sinne von: *„Ich lebe gerne"*. Darin eingeschlossen ist innere Ruhe und innerer Frieden in einer Qualität, wie nur Gott sie geben kann, nämlich losgelöst von Umständen, Krisen und Weltereignissen. Klingt zu schön, um wahr zu sein? Wir lesen in der Bibel folgendes:

> *Philipper 4,7*
> *[...] und der Friede Gottes, der allen Verstand[9] übersteigt, [...].*

Der Friede Gottes lässt uns in ihm ruhen, selbst wenn alle Umstände und auch unsere Vernunft oder unser Verstand uns sagen: *„Du musst jetzt Panik haben!"* Gott sorgt für seine Kinder. Er weiss um alle deine Bedürfnisse, die er gerne erfüllt. Er weiss genau, was du zum täglichen Leben brauchst. Es ist egal, welche Krise unsere Welt oder deine persönliche Welt gerade erschüttert. Der allmächtige Gott kann und wird entgegen aller Umstände für dich sorgen. Setze doch deinen Glauben und dein Vertrauen auf ihn. Er ist zuverlässiger als jede noch so gute Geldanlage.

Handbuch fürs Leben

Als Orientierungshilfe für unser Leben gibt Gott uns eine Bedienungsanleitung für alle Lebensbereiche, damit wir möglichst optimal mit unserem Leben umgehen und den meisten Nutzen daraus haben. Es ist nicht in Gottes Absicht, uns scheitern zu sehen. Es ist sein Anliegen, dass es uns gut geht.

Die Bibel ist ein Lebenshandbuch. Bei jedem Haushaltsgerät, das wir kaufen, finden wir in der Verpackung ein Handbuch. Es soll uns helfen, das neue Haushaltsgerät zu verstehen und optimal bedienen zu können. Viele Geräte lassen sich intuitiv bedienen, ohne etwas nachlesen zu müssen. Doch die richtigen Kniffe, Tipps und Tricks finden wir meistens nur im Handbuch. Die Hersteller deiner neuen Kaffeemaschine wissen, was diese Maschine alles kann. Deshalb haben sie dir ein Buch geschrieben, damit du es auch weißt und nutzen kannst.

Die Bibel ist Licht und Leuchtturm. Sie ist Gottes Wort an uns Menschen. Ihr können wir bedingungslos vertrauen. Wer sich mit der Bedienungsanleitung fürs Leben auseinandersetzt und sie befolgt, wird entdecken, dass das Leben lebenswert ist. Viele Christen fragen immer wieder *„Was ist der Wille Gottes für mein Leben?"*. Meine Antwort ist kurz und knapp: *„Lies dieses Buch [die Bibel], dann weißt du das Wesentliche, was du für dein Leben wissen musst."* Etwa 95 Prozent des Willens Gottes sind bereits in der Bibel festgehalten.[10] Seltsam, dass wir Menschen uns (fast) immer nur für die restlichen 5 Prozent interessieren.

Antriebskraft

Antrieb im Glaubensleben. Ich bin total begeistert darüber, dass es übernatürlichen Antrieb für unser Leben als Christ gibt. Es ist sehr bezeichnend, dass Jesus seinen Jüngern ankündigt, dass sie Kraft empfangen, wenn der Heilige Geist auf sie kommt[11]. Am Pfingsttag wird diese Kraft dann mit Feuer und Feuerzungen beschrieben[12]. Diese göttliche Antriebskraft ist das Feuer des Heiligen Geistes!

Am Pfingsttag vor knapp 2000 Jahren hat der Heilige Geist einhundertzwanzig Menschen entzündet: „mit sichtbaren Zungen, wie aus Feuer", so beschreibt es Lukas[13], der Autor der Apostelgeschichte. Seit diesem Tag tut Gott es wieder und wieder und wieder. Weltweit lassen sich Menschen vom Feuer Gottes entzünden, weil sie erkannt haben: *„Es geht nicht ohne!"* Mehr zu diesem Thema dann in den Kapiteln *„Ihr werdet Kraft empfangen"* und *„Du kannst nicht geben, was du nicht hast"*.

Reinigung

Es bleibt noch der Aspekt der Reinigung. In dem Licht Gottes sehen wir zwei Dinge. Wir sehen, wie Gott ist in all seiner Größe, Herrlichkeit, Macht und Majestät. Aber wir sehen auch, wie wir sind. Wir entdecken, welche schwarzen Flecken, welche Ecken und Kanten noch an uns sind, die Gott nicht gefallen. Diese Dinge zeigt Gott uns nicht, um uns zu deprimieren, sondern um diese Dinge zu entfernen.

Der Prophet Jesaja hat so etwas erlebt. Wir lesen davon in Jesaja 6 und wir werden uns diese Begebenheit in einem späteren Kapitel in diesem Buch noch ausführlich anschauen.

Reinigung durch Gott ist immer etwas Gutes. Niemand ist gerne schmutzig. Wenn wir im Garten gearbeitet haben, dann waschen wir uns die Hände. Wir fühlen uns wohl, wenn wir sauber sind, nicht nach Schweiß riechen und die Haare nicht vor Fett schon tropfen. Im geistlichen Bereich sollte es auch so sein. Deshalb bietet Gott uns Reinigung an, unter anderem durch das Wasserbad in seinem Wort[14].

Der göttliche Fleckentferner in unserem Leben wird unser Leben immer bereichern. Wie schön ist es, wenn nervige Angewohnheiten von uns abfallen oder eingefahrene Denkmuster durchbrochen werden. Niemand ist dazu verurteilt, bis ans Lebensende mit allen möglichen und unmöglichen Schwächen zu kämpfen und regelmäßig den Kürzeren zu ziehen. Jesus ist gekommen, um uns von allen Auswirkungen der Sünde in unserem Leben frei zu machen. Diese Fleckentfernung, in der Bibel auch als Heiligung bezeichnet, bewirkt, dass alles, was Gott eigentlich in uns hinein gelegt hat, wieder zum Vorschein kommt und nicht länger durch die Auswirkungen der Sünde verschüttet bleibt.

Ich möchte den Gedanken der Reinigung noch einmal anders illustrieren. Vor vielen Jahren hatten meine Eltern in ihrem Wohnzimmer einen schönen weißen Teppich. Ohne dass wir es gemerkt haben, ist dieser weiße Teppich über die Monate und Jahre immer grauer geworden. Klar, irgendwann ist uns die Veränderung aufgefallen. Wie sehr der Teppich jedoch verschmutzt war, haben wir erst gesehen, als wir an einer Ecke begonnen haben, diesen Teppich zu reinigen. Einen so großen Unterschied hatten wir dann doch nicht erwartet.

Das Leben hinterlässt seine Spuren auf uns. Wer nicht als Kind Gottes lebt, sondern unter der Macht der Sünde, bemerkt die Spuren und die immer dunkler werdenden Grautöne gar nicht. Oftmals wissen wir gar nicht, wie wir als ganz weißer Teppich wirklich aussehen würden. Gott möchte diese eingetretenen Spuren der Sünde aus unserem Leben entfernen. Er möchte uns reinigen, damit wir als der strahlend weiße Teppich erscheinen und leben können, wie er es sich ursprünglich gedacht hat.

> *Jesaja 1,18*
> *Kommt denn und lasst uns miteinander rechten! spricht der HERR. Wenn eure Sünden [rot] wie Karmesin sind, wie Schnee sollen sie weiß werden. Wenn sie rot sind wie Purpur, wie Wolle sollen sie werden.*

Diese Reinigung ist nichts anderes, als uns wieder in den Zustand zu bringen, wie Gott uns ganz ursprünglich geschaffen hat. Rein und frei von aller Sünde, ja auch von allen Spuren der Sünde und der Konsequenzen unseres Lebens ohne Gott. In der Bibel wird das Ganze auch Heiligung genannt. Es geht darum, alles Negative aus unserem Leben zu entfernen. Dazu dürfen wir von Herzen „Ja" sagen und das Handeln Gottes an und in uns annehmen. Es wird uns ganz sicher gut tun.

Lass dich darauf ein, wenn Gott dir durch sein Wort oder durch seinen Heiligen Geist zeigt, welche Flecken es in deinem Leben noch gibt. Es gibt nichts Schöneres, als rein zu sein.

Mögliches Gebet

Vater, ich danke dir, dass du Licht bist und es bei dir gar keine Finsternis gibt. Ich wünsche mir, dass du mein ganzes Leben mit deinem Licht erleuchtest. Ich brauche dein Feuer als Antriebskraft. Bitte reinige mich mit deinem Feuer. Ich möchte ein Spiegel für meine Mitmenschen sein, die dich sehen, wenn sie mich anschauen. Amen.

---

[1] Die Zahl variiert in Abhängigkeit von der verwendeten Bibelübersetzung

[2] vgl. Jakobus 1,17 oder Hebräer 13,8

[3] Offenbarung 21,23

[4] vgl. Jakobus 1,17

[5] Exodus 3,2-4

[6] Exodus 13,21

[7] 1Könige 18,21-40

[8] Jakobus 4,8

[9] Denken oder Vernunft

[10] Dr. George O. Wood in „How to know the will of God“

[11] vgl. Apostelgeschichte 1,8

[12] vgl. Apostelgeschichte 2,3

[13] vgl. Apostelgeschichte 2,3

[14] vgl. Epheser 5,26

Erweckung (Teil 1)

Bisher

Wir haben gesehen, dass Gott ein verzehrendes Feuer ist. In seiner Gegenwart können Finsternis, Sünde und alles Böse nicht bestehen.

Sein Feuer möchte uns Licht, Orientierung, Reinigung und Antrieb sein. Sein Heiliger Geist ist nicht in unser Leben gekommen als Bonus. Er macht uns fähig, Zeugen Christi und Botschafter an seiner Stelle zu sein. Der Geist Gottes ist die Kraftquelle für unseren Antrieb und unsere Vorwärtsbewegung.

Das Feuer des Heiligen Geistes ist immer etwas Gutes und wird uns niemals schaden!

Weltweit

Über meine Twitter-Kontakte und die christlichen Internetseiten, die ich lese, erfahre ich, was andere Kirchengemeinden, Pastoren, Leiter und christliche Werke bewegt oder welche Schwerpunkte sie für die nächste Zeit planen. So beobachte ich weltweit einige Akzente, die scheinbar einer ganzen Reihe von Pastoren und christlichen Leitern wichtig sind.

Da ist zum einen eine neue Betonung auf dem Wort Gottes: *„Live the Bible"* ist ein gemeinsames Ziel. Die Bibel (neu) zu entdecken und sie im Alltag zu leben. Diverse Bibelgesellschaften und Gemeinden haben unabhängig voneinander für das Jahr 2012 jeweils einen Bibelleseplan mit dem Ziel entwickelt, einmal im Jahr die ganze Bibel zu lesen.

Ebenfalls bekomme ich mit, dass an vielen Orten bei vielen Christen eine bestimmte Sehnsucht immer größer wird, nämlich die Kraft des Heiligen Geistes wieder vermehrt im persönlichen Leben in Aktion zu sehen. Nicht so sehr, um selber gesegnet zu sein und freudige Gottesdienste zu feiern, sondern um Menschen, die Jesus Christus noch nicht kennen, die gute Nachricht des Evangeliums weiter zu sagen.

Folgen dieser Sehnsucht sind zum Beispiel Erweckungsgottesdienste, wie sie auch vor vielen Jahren schon abgehalten wurden. Menschen versammeln sich, beten Gott an und erwarten eine Berührung vom Himmel. Und Gott stellt sich dazu. Er antwortet vom Himmel und sendet so gerne seinen Heiligen Geist auf alle, die den Vater darum bitten. Wir erleben heute immer wieder das, was Jesus schon vor 2000 Jahren versprochen hat:

> *Lukas 11,13*
> *Wenn nun ihr, die ihr böse seid, euren Kindern gute Gaben zu geben wisst, wie viel mehr wird der Vater, der vom Himmel gibt, den Heiligen Geist geben denen, die ihn bitten!*

Wir dürfen es glauben und erwarten: Gott gibt seinen Heiligen Geist gerne allen, die ihn darum bitten. In unseren Tagen dürfen wir erleben, was der Prophet Joel schon vor einigen Jahrhunderten vorhergesagt hat: Gott gießt seinen Geist aus auf alles Fleisch.[1]

> *Apostelgeschichte 2,16*
> *Sondern dies ist es, was durch den Propheten Joel gesagt ist: Und es wird geschehen in den letzten Tagen, spricht Gott, dass ich von meinem Geist ausgießen werde auf alles Fleisch.*

Rückblick

Als ich vor zwanzig Jahren mitten in meiner Teenagerzeit war, ging ein Wort wie ein Lauffeuer durch die ganze christliche Szene, insbesondere im pfingstlich-charismatischen Bereich: „*Erweckung*“.

„Erweckung kommt". Wir waren voller Erwartung, haben gebetet, geglaubt, gehofft und entsprechende Lieder gesungen. Wir haben uns darauf gefreut. Unter Erweckung verstanden wir damals, dass sich ohne unser Zutun plötzlich ganz viele Menschen zu Gott hinwenden, an ihn glauben und Gemeindemitglieder werden. Wie das passieren sollte, wussten wir auch nicht genau. Aber Erweckung war ja auch Gottes Sache. Er würde die Menschen schon zu uns bringen.

Eine Erweckung, wie wir sie damals verstanden und erwartet haben, hat in Deutschland bisher nicht statt gefunden (oder ich habe sie übersehen). Ich bin dankbar für jeden Menschen, der in Jesus Christus seinen Erlöser findet. Von einer Vielzahl Kirchengemeinden höre ich viel Positives. Gott wirkt in unserem Land. Und er tut es verstärkt. Das ist genial. Menschen wenden sich vermehrt dem christlichen Glauben zu. Das geschieht vielleicht nicht immer in Form von Kirchenmitgliedschaften, aber ganz gewiss auf der persönlichen Beziehungsebene Mensch <-> Gott.

Definition

Es gibt in verschiedenen christlichen Kreisen unterschiedliche Definitionen dessen, was unter Erweckung verstanden wird. Für manche Christen beginnt Erweckung mit schönen Gefühlen oder findet dann statt, wenn der Gottesdienst länger als zwei Stunden dauert. Andere wiederum machen Erweckung an der Zahl übernatürlicher Heilungen, Bekehrungen und anderer Zeichen und Wunder je Veranstaltung fest.

> Erweckung ist Rückkehr zum Standard Gottes.

Ich möchte Erweckung definieren als Rückkehr zu dem Standard Gottes. Das betrifft jeden Lebensbereich. Nun ahne ich, dass einige Leser bereits skeptisch werden. Hat Glaube nicht ganz viel mit Geboten und Verboten zu tun? Eine lange Liste von Dingen - die einem eigentlich Freude bereiten - die man nicht mehr tun darf. Gott versteht ja keinen Spaß und *„Christen müssen artig sein. Keine*

Partys, keinen Wein. Und ein Bein, dass sich zu Tanze regt, wird im Himmel ... ab-ge-sägt!"[2]

Um es kurz zu machen: letztgenannte Vorstellung vom Christentum hat nichts mit dem zu tun, was Gott sich wünscht und was die Bibel sagt. Ja, es gibt Gebote Gottes. Es gibt auch Verbote. Doch wir dürfen verstehen, dass alle diese Gebote nicht von Gott ausgedacht wurden, um uns unser Leben möglichst schwer zu machen. Sie erscheinen uns manchmal unbequem. Wer sich jedoch daran hält, der erlebt, dass alle Gebote zu unserem Besten sind.

Im Straßenverkehr ist es ja ähnlich. Jedes Mal, wenn wir an einem Zebrastreifen anhalten müssen, um Fußgänger rüber gehen zu lassen, sind wir leicht genervt, weil es unsere wertvolle Zeit kostet. Sind wir aber selber der Fußgänger, dann sind wir dankbar für die Verkehrsregel, dass Autos am Zebrastreifen anhalten müssen. Es ist für uns als Fußgänger nützlich. So verhält es sich auch mit den Geboten Gottes. Sie sind uns nützlich, auch wenn wir es nicht immer glauben oder wahrhaben wollen.

Ich möchte es kurz illustrieren. Ein Uhrmacher weiß am besten, wie sein Produkt behandelt und gepflegt werden muss. Diese Hinweise fasst er in der Bedienungsanleitung zusammen. Man kann sich danach richten oder es auch sein lassen. Wer sich daran hält, ohne die Anweisungen des Uhrmachers in Frage zu stellen und alles verstehen zu müssen, stellt fest: die Uhr hält länger. Der Gehorsam gegenüber den Geboten Gottes bewirkt bei uns das Gleiche: unser Leben hält länger!

> *Levitikus 18,5*
> *Und meine Ordnungen und meine Rechtsbestimmungen sollt ihr halten. Durch sie wird der Mensch, der sie tut, Leben haben. Ich bin der HERR.*

Der Standard Gottes

Wie sieht denn nun dieser Standard Gottes aus? Die Grundlage legt Jesus selbst, als er das gesamte Gesetz in einem Gebot zusammen fasst:

> *Lukas 10,27*
>
> *Du sollst den Herrn, deinen Gott, lieben aus deinem ganzen Herzen und mit deiner ganzen Seele und mit deiner ganzen Kraft und mit deinem ganzen Verstand und deinen Nächsten wie dich selbst."*

Dieses Gebot zu befolgen ist etwas komplexer, als es auf den ersten Blick aussieht. Gott zu lieben beinhaltet eine Beziehung. Diese wiederum will gehegt und gepflegt sein. Keine Beziehung kommt ohne Investition aus. In jeder Beziehung ist das Gespräch miteinander ein ganz wichtiger Faktor. Dieses Gespräch zwischen Gott und Mensch kennt die Bibel auch. Sie nennt es Gebet.

Gebet darf und sollte ein Dialog sein. Gott hört sich gerne alles an, was uns bewegt, wie es uns geht, was Freude oder Leid bereitet, und wo gerade der Schuh drückt. Über alle diese Banalitäten des Alltags können wir mit Gott reden. Er interessiert sich dafür. Du bist ihm wichtig. Deshalb ist es ihm wichtig, wie es dir geht.

Aber wie schade ist es, wenn du Gott einen langen Monolog vorträgst, dann dein *„Amen"* sprichst, um dann gleich weiter zu machen. Es ist so wertvoll, zur Ruhe zu kommen und von Gott zu hören, was er zu all den Dingen zu sagen hat, die du ihm gerade erzählt hast. Die Antwort Gottes kommt. Manchmal sind es Gedanken als direkte Antwort. Ein anderes Mal ist es der tiefe innere Friede, dass Gott alles in seiner Hand hält. Vielleicht entdeckst du einen Bibelvers, der genau deine Frage beantwortet. Im Gespräch mit einem anderen Menschen kommt dir plötzlich die Erleuchtung und Antwort. Oder, oder, oder.

Gott ist so kreativ und vielfältig darin, mit dir zu reden. Doch du musst dir Zeit nehmen, zur Ruhe kommen und dann wirst du hören, was er dir zu sagen hat.

Fazit: ein Teil des Standards Gottes ist die **aktiv gelebte Beziehung** zu ihm.

Einen weiteren Aspekt finden wir in unserem Umgang mit Gott. In der Bibel lesen wir oft diesen etwas erschreckenden Ausdruck von „Furcht des Herrn". Viele Jahre lang wurde dieser Begriff verstanden als „ich muss vor Gott Angst haben". Nein! Wir sind seine Kinder. Wir haben von ihm nichts zu befürchten! Du brauchst vor Gott keine Angst zu haben. Das ist eine Lüge des Teufels.

Furcht Gottes ist der angemessene Respekt und Gehorsam Gott gegenüber und dem, was er uns sagt. Es bedeutet, Gott in allen Dingen ernst zu nehmen. Wer diesen Gedanken zu Ende denkt, kommt dort an, was die Bibel unter Furcht Gottes versteht. Gott ernst zu nehmen, bedeutet natürlich auch, ihm in seinen Geboten gehorsam zu sein - ohne dass er uns eine Erklärung schuldig ist. Manchmal benehmen wir uns Gott gegenüber wie kleine Kinder. Jedes Kind kommt in die Phase, in der es ständig fragt: *„Warum?"*. Wenn Mutter oder Vater dann eine Erklärung liefern, kommt gleich wieder: *„Warum?"*. Nächste Erklärung und nächstes *„Warum?"*. Bis die Eltern diese Fragerei satt haben und irgendwann geantwortet wird: *„Darum!"*

Gott ist uns keine Erklärung schuldig, warum er seine Gebote so formuliert hat, wie er es getan hat. Wir dürfen einfach gehorsam sein und darauf vertrauen, dass er es gut mit uns meint, und dass seine Gebote immer gute Gebote sind. Das ist ebenfalls Gottesfurcht, wenn wir Gott gehorsam sind, ohne dass er sich erklären muss. Auch wenn wir seine Gebote nicht immer verstehen, sind sie gut für uns und das Befolgen seiner Gebote wird unser Leben bereichern.

Gott ist Gott

Mancher Christ muss zurückkehren zu der Erkenntnis, dass Gott Gott ist. Wir müssen in korrekter Ausrichtung leben:

1. Er ist Gott-Vater, wir sind seine Kinder.
2. Er ist der Schöpfer, wir sind das Geschöpf.
3. Er ist der Erlöser, wir sind die Erlösten, begnadigte Sünder.

Es tut gut, uns immer wieder vor Augen zu führen, wer eigentlich wer ist.

Wer die Thematik *„Furcht des Herrn"* ausführlicher studieren möchte, dem empfehle ich die sehr guten Bücher von Joy Dawson[3] und John Bevere[4].

Götzendienst

Den dritten Aspekt finden wir im ersten Gebot aus den bekannten zehn Geboten:

> *Exodus 20,3*
> *Du sollst keine andern Götter haben neben mir.*

Wir werden im nächsten Kapitel sehen, dass in Zeiten der Erweckung im Alten Testament auch immer eine **Abkehr von jeglichem Götzendienst** stattfand. Nun werden die meisten Christen sicherlich gleich protestieren und sagen, dass sie ganz sicher keinen Götzendienst betreiben.

Es ist tatsächlich so, dass die wenigsten Christen zuhause ein goldenes Kalb stehen haben, vor dem sie täglich eine Kerze anzünden, niederknien und Gebete sprechen. Trotzdem müssen wir uns die Frage stellen, was Götzendienst ist, welche kleinen Hausgötzen wir evtl. pflegen - vielleicht sogar, ohne uns dessen bewusst zu sein.

Götzendienst ist alles, woran ich mein Herz hänge, worauf ich vertraue, was mir Sicherheit gibt, Erfüllung verspricht und meinen Mangel stillen soll, außer Gott.

Alle genannten Dinge kann nur Gott so geben, dass sie Bestand haben. Wann immer wir in irgendeinem Lebensbereich zulassen, dass irgendetwas oder irgendjemand den Platz Gottes einnimmt, dann sind wir mitten drin im Götzendienst.

Vielleicht provoziere ich jetzt etwas. Aber manchmal erscheint es mir, als hätten wir Christen in Deutschland Gott gar nicht nötig. Für praktisch jeden Lebensbereich gibt es eine staatliche Absicherung. Wenn wir krank sind, dann gehen wir zum Arzt. Übrigens bin ich dankbar für unsere Mediziner. Ich bin davon überzeugt, dass Gott auch durch sie hilft. Die Grundfrage ist aber, auf wen ich mein Vertrauen wirklich setze. Wenn ein Arbeitnehmer in Deutschland seine Arbeit verliert, dann bekommt er seinen Unterhalt durch eine staatliche Einrichtung. Natürlich müssen dann Abstriche beim gewohnten Luxus gemacht werden. Aber ich meine, dass aufgrund unseres Sozialsystems in der Theorie in Deutschland niemand obdachlos sein oder verhungern muss.

Diese Liste könnte ich jetzt fortsetzen. In keinem unserer Lebensbereiche sind wir wirklich auf Gott angewiesen, auf seine Versorgung und sein regelmäßiges, übernatürliches Eingreifen. Bisher kommen wir eigentlich ganz gut ohne ihn aus. Vermutlich wird sich das in den nächsten Jahren stark verändern. Götzendienst beginnt dort, wo wir auf etwas oder jemand anderes mehr vertrauen, als auf Gott.

Dr. Martin Luther soll einmal gesagt haben: *„Gott ist der, der dir etwas ist, so dass alles andere dir nichts ist.“* Unabhängig davon, ob das Zitat wirklich von ihm stammt, bringt die Aussage einige Dinge auf den Punkt.

In ihrem sehr empfehlenswerten Buch „Innige Freundschaft mit Gott“ erklärt Joy Dawson Götzen so:

„Götzen sind Personen oder Dinge, denen wir in unserem Denken, unserer Zeit, unserer Hingabe, unserer Treue und unserem Gehorsam den Vorrang vor Jesus Christus geben.“[5]

Zusammenfassung

Wir halten fest, Erweckung ist die Rückkehr zum Standard Gottes. Darin finden wir drei Hauptaspekte, die sicherlich alle noch weitere Facetten haben:

1. Aktiv gelebte Beziehung zu Gott
2. Gott in allen Dingen ernst nehmen
3. Abkehr von Sünde und allem Götzendienst

Wem diese drei Punkte zu einfach erscheinen, den fordere ich heraus, sie in aller Konsequenz zu leben und umzusetzen. Es könnte eine größere Herausforderung sein, als es auf den ersten Blick erscheint.

Mögliches Gebet

Vater im Himmel, ich habe verstanden, dass ich die Kraft des Heiligen Geistes brauche. Weil dein Wort sagt, dass du gerne deinen Heiligen Geist gibst, bitte ich dich jetzt: bitte erfülle mich mit dieser göttlichen Kraft! Amen.

---

[1] Joel 3,1-2

[2] Aus dem Lied „Christen müssen artig sein“ von SuperZwei (c) 1988

[3] „Innige Freundschaft mit Gott“

[4] „The Fear of the Lord“

[5] Joy Dawson, Innige Freundschaft mit Gott, Seite 92

Erweckung (Teil 2)

Bisher

Erweckung bedeutet Rückkehr zum Standard Gottes. Diesen Standard finden wir in seinen Geboten, zusammengefasst in dem größten Gebot, Gott von ganzem Herzen zu lieben und unseren Nächsten wie uns selbst. Der Standard Gottes in unserem Leben wirkt sich aus in unserer aktiv gelebten Beziehung zu Gott, in unserer Haltung, ihn in allen Dingen ernst zu nehmen und jeglichen Götzendienst sein zu lassen.

Jetzt wollen wir anschauen, wie Erweckung in der Bibel aussieht. Sehr illustrativ ist dabei die Geschichte des Volkes Israel im Alten Testament. Die neutestamentliche Variante von Erweckung werden wir uns ebenfalls ansehen, um dann eine Anwendung auf unser „Hier und Jetzt“ zu formulieren.

Erweckung in der Bibel

Das Wort oder den Begriff „Erweckung“ finden wir in der Bibel so direkt nicht. Aber das ist mit anderen Begriffen aus unserem fromm-deutschen Wortschatz ja auch so. Das Wort „Trinität“ gibt es ebenfalls nicht in Gottes Wort, sehr wohl finden wir in der Bibel eine eindeutige Theologie darüber.

Allerdings gibt es den Begriff „Wiederbelebung“ oder „beleben“ häufiger im Wort Gottes zu finden.[1] Eine Sehnsucht nach diesem Leben Gottes wird von unterschiedlichen Menschen in der Bibel geäußert.[2]

Erweckung im Alten Testament: Israels Beziehung zu Gott

In der Geschichte Israels mit Gott gab es ein ständiges Auf und Ab. Eigentlich war das Volk berufen, aufgrund seines Segens für alle Nationen ein Segen zu sein.[3] Doch regelmäßig entschieden sich die Israeliten, den Geboten Gottes nicht zu folgen. Die Konsequenz war jedes Mal, dass Feinde das Volk bedrängten, unterdrückten und ausraubten. Kehrte das ganze Volk dann wieder zu Gott um, wendete sich das Blatt, solange sie Gott und seinem Wort treu waren. Im Buch „Richter“ in der Bibel entdecken wir dieses regelmäßige Auf und Ab.

Solange es einen gottesfürchtigen Richter in Israel gab, lebte das Volk nach den Geboten Gottes. Verstarb dieser Richter, *„so tat ein jeder, was in seinen Augen Recht war“*[4]. Da der Mensch ein Egoist ist und bleibt, führte diese Lebenseinstellung „Jeder tut, was er für richtig hält“ unweigerlich zur Sünde und damit zur Abkehr von Gottes Geboten und von Gott selbst.

In den Zeiten der Abkehr von Gott erlebte das Volk Israel, dass die angekündigte Konsequenz wahr wurde:

> *5. Mose 28,15*
> *Es wird aber geschehen, wenn du der Stimme des HERRN, deines Gottes, nicht gehorchst, so dass du nicht darauf achtest, all seine Gebote und seine Ordnungen zu tun, die ich dir heute gebiete, dann werden all diese Flüche über dich kommen und dich erreichen.*

Die Flüche sind dann im Detail in den nachfolgenden Versen aufgelistet und erstrecken sich auf wirklich alle Lebensbereiche.

Wenn die Last der Strafe zu groß wurde, begannen die Israeliten zu Gott zu rufen. Und immer wieder ließ er sich erbarmen und schaffte Rettung und Hilfe für sein Volk, genau wie er es verheißen hat:

> *5. Mose 30,1-3*
> *Und es wird geschehen, wenn all diese Worte über dich kommen, der Segen und der Fluch, die ich dir vorgelegt habe, und du es dir zu Herzen nimmst unter all den Nationen, wohin der HERR, dein Gott, dich verstoßen hat, und du umkehrst zum HERRN, deinem Gott, und seiner*

Stimme gehorchst nach allem, was ich dir heute befehle, du und deine Kinder, mit deinem ganzen Herzen und mit deiner ganzen Seele, dann wird der HERR, dein Gott, dein Geschick wenden und sich über dich erbarmen.

Diese Phasen der Umkehr brachten immer grundlegende Veränderungen mit sich. Dem Wort Gottes wurde wieder Beachtung geschenkt und alle Gebote darin befolgt und jeder beseitigte alle Spuren von Götzendienst in seinem Haus und Leben. Ein entsprechendes neutestamentliches Beispiel dafür finden wir in der Apostelgeschichte.

Apostelgeschichte 19,18-19
Viele aber von denen, die gläubig geworden waren, kamen und bekannten und gestanden ihre Taten. Zahlreiche aber von denen, die Zauberei getrieben hatten, trugen die Bücher zusammen und verbrannten sie vor allen; und sie berechneten ihren Wert und kamen auf fünfzigtausend Silberdrachmen.

Die Folge damals von dieser grundlegenden Umkehr im Alten Testament war, dass die Feinde Israels besiegt wurden und das Volk wieder in Frieden leben konnte; meistens so lange, bis die nächste Generation herangewachsen war und wieder unabhängig von Gott leben wollte. Dann ging die ganze Geschichte wieder von vorne los. König Salomo hat Recht, als er schrieb: *„Es gibt nichts Neues unter der Sonne.“*[5] Es ist tatsächlich so, dass Menschen eben doch nicht aus (ihrer) Geschichte lernen.

Erweckung im Neuen Testament

Nun wollen wir uns dem Thema „Geistliches Leben“ in Israel zur Zeit des Neuen Testaments zuwenden.

Zur Zeit Jesu war Israel von den Römern besetzt. Die Nation war nicht mehr eigenständig. Unter römischer Oberaufsicht musste das politische Leben gestaltet werden. Statthalter usw. wurden durch die Besatzungsmacht bestimmt und eingesetzt.

Das religiöse Leben durften die Juden weitestgehend selbst gestalten. Die geistliche Leitung lag bei dem Hohenpriester. Er war aus dem Kreis der Pharisäer. Pharisäer und Schriftgelehrte hatten über Jahrzehnte und Jahrhunderte diverse Gebote Gottes nach Gutdünken umgeändert, ungültig gemacht und neue Gebote eingeführt. In der Regel, um sich selber das Leben angenehmer zu gestalten. Mehr als einmal wurden sie von Jesus scharf dafür kritisiert und zurecht gewiesen.[6]

Die äußere Form des Gottesdienstes wurde eingehalten wie z.B die Schriftlesung in den Synagogen. Aber das Herz der Menschen war weit entfernt von Gott. Provokant gesagt war es größtenteils äußere Frömmigkeit oder Gottgläubigkeit. - Entsprechende Tendenzen finden wir ja auch in unserer Gesellschaft. Noch nennen wir uns ein christliches Land. Es ist erschreckend, wie wenig Menschen sonntags in eine Kirche gehen[7], um ihren christlichen Glauben zu stärken, oder wie wenig allgemein über die großen christlichen Feste bekannt ist. Inzwischen ist es ja üblich geworden, dass in den Medien zu den großen christlichen Festen Umfragen gemacht werden, um heraus zu finden, wie viele Bundesbürger noch etwas über die christlichen Wurzeln unseres Landes wissen.

Wer sich in unserem christlichen Deutschland als gläubigen Christen bezeichnet, wird oftmals müde belächelt.

> *Der überall in Europa stattfindende Säkularisierungsprozess ist auch in Deutschland deutlich zu spüren. Christen fühlen sich hierzulande einer Gruppe zugehörig, die stetig kleiner wird und kaum noch öffent-*

liche Wahrnehmung außerhalb der binnenkirchlichen Medien findet. Was sagen die konfessionsbezogenen statistischen Daten darüber aus? Sind die Kirchengebundenen in der deutschen Gesellschaft eine Randgruppe geworden?[8]

Zurück nach Israel vor ca. 2.000 Jahren. Israel war damals in einem Zustand äußeren Gottesdienstes, der nicht von Herzen kam. Gleichzeitig wuchs die Hoffnung auf den verheißenen Messias, der kommen sollte. Die Juden verstanden den Messias auch als politischen Retter, der sie am Besten auch gleich von der Herrschaft der Römer befreien sollte. In dieser Hinsicht hat Jesus Christus damals die Erwartungen völlig enttäuscht. Wer die Mission von Jesus in den Evangelien aufmerksam nachliest, wie er sie selber beschreibt, stellt fest, dass er sich selbst nie als politischen Befreier gesehen hat[9].

Der Standard Gottes im Neuen Testament

Im Neuen Testament sind einige Dinge anders. Auch wenn Israel nach wie vor Gottes auserwähltes Volk ist, bekommt es jetzt geistlichen Zuwachs von vielen Menschen, die durch Jesus Christus erlöst werden und damit in den Ölbaum Israel eingepfropft werden.[10]

Wie sieht der Standard Gottes im Neuen Testament aus?

Dazu müssen wir einige Grundlagen anschauen, die im NT gültig sind. Der Mensch, der den Namen Jesus anruft, um erlöst zu werden, wird nach Johannes 1,12 ein Kind Gottes. Alle Schuld und Sünde wird vergeben. Die Beziehung zwischen Mensch und Gott, die durch den Sündenfall im Garten Eden zerstört wurde, ist wieder möglich. Damit lebt erst einmal jeder Christ erweckt. Der Mensch war in seinen Sünden tot gegenüber Gott und wurde durch die Wiedergeburt - nicht zu verwechseln mit Reinkarnation - wieder belebt. Einige Gedanken dazu habe ich ja bereits im ersten Kapitel geschrieben.

Der Standard Gottes lässt sich auch im NT unter drei Hauptaspekten zusammen fassen: nämlich die gelebte Beziehung zu Gott, ihm gehorsam zu sein und jeglichen Götzendienst zu lassen. Wer diese drei Elemente konsequent in seinem Leben umsetzt, wird erweckt leben.

Gebet (reden mit Gott)

Zur Gottesbeziehung gehört das Gebet, denn keine Beziehung kommt ohne Gespräch aus. Beten bedeutet mit Gott zu reden. Welches Vorrecht ist das! Der allmächtige Gott nimmt sich Zeit, um zu hören, was wir zu sagen haben. Diese Gelegenheit dürfen wir uns nicht entgehen lassen! Weiterhin gehört die Bibel in diese Beziehung hinein. Gott hat ganz viele Dinge aufschreiben lassen, die für unser ganz persönliches Leben sehr wichtig sind. Wie heißt es heute so schön: *„Wer lesen kann, ist klar im Vorteil."* Erst recht der, der nicht nur lesen kann, sondern es auch tut. Jakobus schreibt in seinem Brief:

> *Jakobus 1,22*
> *Seid aber Täter des Wortes und nicht allein Hörer, die sich selbst betrügen!*

Gottesfurcht

Wer Gott fürchtet, in dem Sinn wie es die Bibel versteht, wird Gott ernst nehmen und das tun, was er sagt. Aus der gelebten Beziehung zu Gott wächst Glaube und Vertrauen. Je enger diese Beziehung ist, desto leichter fällt es auch, Gott zu folgen, weil wir aus unserer Beziehung mit dem allmächtigen Gott wissen: er ist gut, er tut Gutes und er hat nichts im Sinn, was uns irgendwie schaden könnte! Ganz im Gegenteil:

> *Klagelieder 3,22-25*
> *Ja, die Gnadenerweise des HERRN sind nicht zu Ende, ja, sein Erbarmen hört nicht auf, es ist jeden Morgen neu. Groß ist deine Treue.*

Mein Anteil ist der HERR, sagt meine Seele, darum will ich auf ihn hoffen. Gut ist der HERR zu denen, die auf ihn harren, zu der Seele, die nach ihm fragt.

Jeremia 29,11
Denn ich kenne ja die Gedanken, die ich über euch denke, spricht der HERR, Gedanken des Friedens und nicht zum Unheil, um euch Zukunft und Hoffnung zu gewähren.

Kompromisslos

Ein erweckter Mensch im neutestamentlichen Sinne ist ein Jünger Jesu, der keinerlei Kompromisse macht, sondern Jesus in allen Belangen an erster Stelle platziert. Ich finde, es klingt fast zu einfach, um wahr zu sein.

Matthäus 6,10
Dein Reich komme; dein Wille geschehe, wie im Himmel so auch auf Erden!

Dieser Vers ist ein Teil des Vaterunsers, das Gebet, das Jesus seine Jünger gelehrt hat. Wir beten es bei diversen Anlässen. Am Ende eines Gottesdienstes, bei Hochzeiten und Beerdigungen. Machen wir uns wirklich Gedanken darüber, was es bedeutet? Jesus selbst war auch einmal in einer für ihn sehr bedrängenden Situation. Es war im Garten Gethsemane, als er selber betete:

Matthäus 26,39
Mein Vater, wenn es möglich ist, so gehe dieser Kelch an mir vorüber! Doch nicht wie ich will, sondern wie du willst.

Jesus, der Sohn Gottes, wusste um die Konsequenzen und Tragweite seines Gebets. Und doch hat er seinen Willen auch hier, in der schwersten Stunde seines Lebens, dem Willen des Vaters im Himmel untergeordnet. Insgesamt dreimal betete Jesus so. Einige Theologen sagen, dass das Erlösungswerk Jesu für die Menschen in diesem Moment im Garten Gethsemane entschieden wurde, als er sich erneut zu völligem Gehorsam Gott gegenüber entschied. Ich kann diesem Gedanken vieles abgewinnen.

Mögliches Gebet

Herr Jesus, ich danke dir, dass du immer den Willen deines Vaters getan hast. In meinem Leben merke ich immer wieder, dass es mir schwer fällt, dir in allen Dingen den Vorrang zu geben. Aber damit bin ich nicht zufrieden. Ich möchte erweckt leben! Bitte hilf mir, meine Prioritäten richtig zu setzen. Du sollst an erster Stelle in meinem Leben sein. Amen.

---

[1] Im Englischen heisst „Erweckung“ „Revival“. Hier ist die Verbindung zwischen „belebe mich, Herr“ (revive me, oh, Lord) deutlicher, als im Deutschen.

[2] Bibelvers / Zitate einfügen

[3] Genesis 28,14

[4] Richter 17,6

[5] Prediger 1,9

[6] z.B. Matthäus 23,23

[7] Es waren im Jahr 2010 durchschnittlich nur 3,6% aller protestantischen Kirchenmitglieder an einem normalen Sonntag in der Kirche (Quelle: http://www.welt.de)

[8] Quelle: http://www.kas.de/wf/de/71.7672/

[9] Matthäus 20,28 / Markus 10,45

[10] Römer 9,11-21

Der erweckte Christ

Nach einigen Kapiteln, die etwas allgemeiner gehalten sind, wollen wir uns nun dem Christen widmen, der erweckt leben möchte. Genauso unangenehm wie eingeschlafene Füße, sind auch Christen, die zwar theoretisch an Gott glauben, aber im Ausleben ihres Glaubens eher einem glimmenden Docht gleichen. Aber nur wer hell brennt, kann auch Licht in seiner Umwelt sein.

Der Wunsch nach Erweckung

Im Umgang mit den Menschen überschreitet Gott niemals den freien Willen seiner Geschöpfe. Der Mensch ist keine Marionette in Gottes Hand. Jeder Mensch hat einen Willen, um seine Entscheidungen zu treffen. Das betrifft auch so grundlegende Entscheidungen wie die des Glaubens. Oder auch die Wahl, mit oder ohne Gott zu leben. Diesen freien Willen respektiert Gott bei allen Menschen, so auch bei seinen Kindern, also den Menschen, die das Erlösungswerk Jesu Christi für sich persönlich angenommen haben.

Gott zwingt uns niemals zu etwas.

Gott umwirbt uns; er liebt uns; er empfiehlt uns, Dinge zu tun oder zu lassen. Aber niemals zwingt oder vergewaltigt er uns zu irgendetwas! Das gilt auch für unser geistliches Leben (unser Glaubensleben). Es kommt niemals eine Hand aus dem Himmel, packt dich beim Kragen und zwingt dich zum Gebet auf die Knie. Der Vater im Himmel sehnt sich nach Zeit mit dir. Er freut sich, wenn du mit ihm redest (betest), weil du ihn liebst. Aber er vergewaltigt dich nicht!

Er schenkt uns das Wollen und - wenn wir darauf eingehen - auch das Vollbringen. Zwischen dem Wollen und der Umsetzung liegt aber die Entscheidung auf unserer Seite. Wenn wir zu einem Gedanken Gottes „Ja" sagen und uns an die Umsetzung machen, dann hilft er uns und steht uns zur Seite. Dann ist das Vollbringen von ihm gesegnet.

Der Wunsch nach Erweckung unseres persönlichen Lebens kommt ebenfalls von Gott. Er legt ein Verlangen in uns hinein, dass es da noch mehr geistliche Qualität im Leben mit Gott geben muss. Aber was nun? Gott wartet auf das „Ja“ von dir. Stell ihm die Frage: „Herr, wie kann ich erweckt leben?“ Richte doch dein Gebet an ihn „Erwecke mich, Herr!“. Dann wird er dich mit dem Feuer des Heiligen Geistes erfüllen, dich entzünden und brennend machen für ihn. Am Beispiel von Jesaja und Saul werden wir später sehen, dass es dann unsere Verantwortung ist, diese Erweckung in uns zu bewahren und brennend zu erhalten.

Charakteristika eines erweckten Christen

Dieser Abschnitt soll einige Charakteristika eines erweckten Christen aufzeigen. mit einigen Beispielen, wie ein erweckter Christ lebt.

An dieser Stelle möchte ich noch einmal unterstreichen, dass sich kein Mensch, ob er an Gott glaubt oder nicht, bei Gott irgendetwas verdienen oder erarbeiten kann. Ein Christ tut nichts für Gott, um geliebt zu werden, sondern er lebt für Gott und dient ihm, weil Gott ihn bereits über alles liebt. Unser Einsatz für unseren Herrn Jesus Christus ist eine dankbare Antwort auf alles, was er bereits für uns getan hat. Wir beten zu Gott, weil wir mit ihm reden wollen, nicht weil unser Gewissen uns daran erinnert, dass wir auch mal wieder beten könnten. Die Liebe Gottes ist und bleibt bedingungslos!

Die nachfolgende Liste ist übrigens nicht zu verstehen als „So muss ein guter Christ leben“. (Was auch immer ein guter Christ sein mag.)

Gebet. Ein erweckter Christ redet viel mit seinem Gott. Unser Vater im Himmel ist an allem interessiert, was uns betrifft. Mag es groß oder klein, wichtig oder unwichtig, freudig oder traurig sein. Gott möchte gerne von dir alles hören, was dich betrifft und dich bewegt.

Anbetung. Die Liebe, die ein Mensch für Gott empfindet, drückt er in Anbetung aus. Das können Lieder sein, Worte oder etwas ganz anderes. Grundsätzlich ist Anbetung in unserem Herzen und sucht sich dann diverse Ausdrucksformen.

Auf Gott hören. Ich sage es in meinen Predigten immer wieder, dass Gebet kein Monolog sein sollte, sondern immer ein Dialog. Unser Herr hat uns so viel zu sagen. Er möchte nicht nur wissen, wie es dir geht. Jesus möchte mit dir reden, dir seine Sicht der Dinge sagen und dich so ermutigen, trösten, auferbauen oder sich ganz einfach mit dir freuen. Deine letzte Gehaltserhöhung hat ihm ebenfalls Freude bereitet. Gott freut sich mit seinen Kindern und segnet und beschenkt sie so gerne.

Gottesfurcht. Ein erweckter Christ nimmt Gott ernst in jeglicher Hinsicht. Dazu gehört auch der Gehorsam gegenüber allem, was Gott sagt. Dabei geht es nicht um den sogenannten Kadavergehorsam, sondern das Wissen, dass alle Gebote Gottes ohne Ausnahme gut für mich sind, wenn ich sie befolge.

Weitersagen. Immer, wenn uns etwas stark bewegt, positiv oder negativ, reden wir darüber. Das Evangelium, die gute Nachricht von Jesus Christus, hat unser Leben verändert. Ich kenne viele Christen, deren Leben wortwörtlich völlig neu geworden ist. Heilung, Wiederherstellung oder Befreiung von unguten Angewohnheiten sind nur einige Beispiele. Warum reden dann viele Christen so wenig über diese gute Nachricht? Es gibt doch so viele Menschen, die diese gute Nachricht ebenfalls unbedingt hören müssen.

Kein Götzendienst. In dem Kapitel „Hingabe“ werde ich ausführlicher auf diesen Punkt eingehen. Alles, was uns in unserem Leben wichtiger ist als Gott, kann zu einem Götzen werden. In jeder Hinsicht muss er die „Nummer 1“ sein. Auch hier ist es zuerst eine Entscheidung, wie wir unsere Prioritäten setzen. Ich weiß, dass es jetzt für den einen oder anderen unangenehm klingt. „Ich wusste es doch, Christsein macht keinen Spaß!"

Ganz im Gegenteil! In den mehr als dreißig Jahren, die ich bereits mit Gott lebe und in Kirchengemeinden aktiv bin, ist es nie langweilig geworden. Ich wüsste ehrlich gesagt nichts, was so langanhaltend Freude, Frieden und Glück gibt, wie es Jesus tut. Ich bereue keinen einzigen Tag meines Lebens mit Jesus.

Paulus bringt es auf den Punkt:

> *1. Korinther 6,12*
> *Alles ist mir erlaubt, aber nicht alles ist nützlich. Alles ist mir erlaubt, aber ich will mich von nichts beherrschen lassen.*

Bevor wir etwas tun, dürfen wir darüber nachdenken, ob die langfristigen Konsequenzen den kurzfristigen Spaß wirklich wert sind.

Keine Kompromisse. Im Reich Gottes, in der Nachfolge Jesu, gibt es keine Grauzone. Ich kenne einige Christen, die leben ihren Glauben regelmäßig, nämlich jeden zweiten Sonntag von 10 bis 12 Uhr, wenn sie im Gottesdienst sind. Die Zeit dazwischen glauben sie natürlich auch an Gott, gar keine Frage. Aber der Alltag wird vom eigenen Wollen und Verlangen gestaltet.

Natürlich hat jeder Mensch seinen Alltag. Mit scheint, als würde unsere Zeit mit jedem Tag ein bisschen hektischer und die Ansprüche an jeden ein bisschen höher werden. Wir sollen unsere Leistung auf der Arbeit bringen und unsere Kinder, Ehepartner oder Enkel nehmen uns auch zu Recht in Anspruch. Und doch muss die Frage erlaubt sein, nach was oder besser nach wem wir unseren Alltag ausrichten? Die Antwort darf sich jeder selber geben.

Feurig bleiben. Jetzt bleibt natürlich noch die Frage: „Wie bleibe ich erweckt?" Die Antwort ist schwierig und einfach zugleich. Die einfache Variante ist diese:

Ich glaube, dass jeder, der sich von ganzem Herzen und ohne Kompromisse an Gott hängt, erweckt wird und bleibt.

Gleichzeitig sehe ich die vielen, vielen Möglichkeiten der Ablenkung, Verführung und ganz viele Möglichkeiten, Kompromisse zu machen. So sitze ich manchmal vor meinem Computer, das Bibelprogramm gestartet, um einen interessanten Abschnitt aus der Bibel zu studieren und darüber zu beten. Oder ich sitze in meinem Büro und beginne mit Gott zu reden, weil es so viele Dinge gibt, die ich persönlich und dienstlich mit ihm besprechen möchte.

Plötzlich gehen die Gedanken auf Wanderschaft. Die eine Webseite will auch noch gelesen werden. Ganz sicher ist eben gerade eine ganz wichtige eMail gekommen. Schnell nach draussen gehen und schauen, ob der Briefträger etwas gebracht hat. - Nein, das sind alles keine schlimmen Dinge. Ganz gewiss nicht, davon bin ich überzeugt. Aber trotzdem merke ich, wie ich abgelenkt werde und nicht fokussiert bin. Es geht dabei oft nicht um die Sache, sondern um den Zeitpunkt. Ganz schnell werden aus der freien Stunde fürs Gebet nur noch zehn Minuten „zwischen Tür und Angel“, mit denen ich dann nicht zufrieden bin.

Der Prophet Jesaja spricht davon, dass Gott uns „erfreuen will in seinem Bethaus“. Die regelmäßige Gebetszeit ist die Quelle für Freude schlechthin. Ich entdecke bei mir, dass meine Freude am Herrn abnimmt, wenn ich weniger mit ihm rede.

> *Jesaja 56,7*
> *[...] die werde ich zu meinem heiligen Berg bringen und sie erfreuen in meinem Bethaus. Ihre Brandopfer und ihre Schlachtopfer sollen mir ein Wohlgefallen sein auf meinem Altar. Denn mein Haus wird ein Bethaus genannt werden für alle Völker.*

Ein Weg, wie du anhaltende Freude in deinem Leben haben kannst, ist das regelmäßige Gespräch mit Gott.

Mögliches Gebet

Eines meiner regelmäßigen Gebete lautet etwa so. Vielleicht magst du es auch zu deinem persönlichen Gebet machen?

Herr Jesus, an diesem Tag möchte ich erweckt leben. Mit Johannes dem Täufer bete ich, dass du in mir zunimmst und ich abnehme; mehr von dir und deiner Persönlichkeit in meinem Leben und weniger von mir. Heute möchte ich brennen für dein Reich, für deine Sache.

Bitte öffne mir die Augen für alles, was mich ablenkt, was mir Zeit und Kraft rauben will. Ich möchte diesen Tag bewusst für dich leben. Danke, dass du mich so sehr liebst und mir heute Kraft und Gelingen gibst, als dein Kind zu leben. Amen.

Verändernde Berührung

In diesem Kapitel möchte ich zwei Persönlichkeiten aus dem Alten Testament anschauen, die jeweils eine lebensverändernde Begegnung mit Gott hatten. In seiner Souveränität hat Gott sie jeweils zu einer besonderen Aufgabe berufen. Das Ende der beiden Personen jedoch ist unterschiedlich und darf uns Hinweise geben, wie wir das bewahren können, was Gott uns durch seine Berührung vom Himmel schenkt.

> *Jesaja 6,1-9*
> *Im Todesjahr des Königs Usija, da sah ich den Herrn sitzen auf hohem und erhabenem Thron, und die Säume [seines Gewandes] füllten den Tempel. Seraphim [1] standen über ihm. Jeder von ihnen hatte sechs Flügel: mit zweien bedeckte er sein Gesicht, mit zweien bedeckte er seine Füße, und mit zweien flog er. Und einer rief dem andern zu und sprach: Heilig, heilig, heilig ist der HERR der Heerscharen! Die ganze Erde ist erfüllt mit seiner Herrlichkeit! Da erbebten die Türpfosten in den Schwellen von der Stimme des Rufenden, und das Haus wurde mit Rauch erfüllt. Da sprach ich: Wehe mir, denn ich bin verloren. Denn ein Mann mit unreinen Lippen bin ich, und mitten in einem Volk mit unreinen Lippen wohne ich. Denn meine Augen haben den König, den HERRN der Heerscharen, gesehen. Da flog einer der Seraphim zu mir; und in seiner Hand war eine glühende Kohle, die er mit einer Zange vom Altar genommen hatte. Und er berührte [damit] meinen Mund und sprach: Siehe, dies hat deine Lippen berührt; so ist deine Schuld gewichen und deine Sünde gesühnt. Und ich hörte die Stimme des Herrn, der sprach: Wen soll ich senden, und wer wird für uns gehen? Da sprach ich: Hier bin ich, sende mich! Und er sprach: Geh hin [...].*

Blick in den Himmel

Wir bekommen hier einen Einblick in eine sehr interessante und beeindruckende Begegnung, die der Prophet Jesaja mit Gott hatte. Die Bibel lässt offen, ob es eine Vision ist, die der Prophet hier sieht, oder ob er tatsächlich in den Himmel „entrückt" wurde und diese Dinge wirklich gesehen hat. Auf jeden Fall ist das, was Jesaja sieht, hört und erlebt prägend und wegweisend für sein ganzes weiteres Leben.

Jesaja bekommt einen Einblick in das Allerheiligste im Himmel. Er sieht den Thron Gottes, und er sieht den Herrn darauf sitzen. Eine bestimmte Art von Engeln, in diesem Fall Seraphim, sind rings um den Thron Gottes. In dieser unmittelbaren Gegenwart Gottes wird nicht viel geredet. Wir bekommen mit, was den Engeln einfällt zu sagen, nämlich *„Heilig, heilig, heilig ist der Herr der Heerscharen. Die Erde ist erfüllt mit seiner Herrlichkeit!"*. Mehr nicht. Kein unnützes Wort.

Wer die Gegenwart Gottes verspürt, der verstummt und weiss, wie nichtig, hohl und nichtssagend Worte manchmal sein können. Dann ist es gut, sich in seinen Äußerungen einfach auf die Eigenschaften Gottes zu besinnen und diese auszusprechen, um Gott damit anzubeten und ihm die Ehre zu geben.

Wehe mir!

> *Es ist aus! Ich bin verloren: Der Prophet fühlt sich der Vision unwürdig. Im Vergleich mit der Herrlichkeit Gottes wurde er sich schmerzhaft seiner persönlichen Unwürdigkeit bewusst (sündig ... unreine Lippen). Jesaja wusste, dass er nicht würdig war, das reine Wort Gottes zu reden, ebenso auch sein Volk.*[2]

In dieser sichtbaren und spürbaren Gegenwart des allerhöchsten Gottes besinnt sich Jesaja, als er den Lobpreis der Seraphim hört, auf sein eigenes Reden: *„Ein*

Mann mit unreinen Lippen bin ich". Also jemand, der gerne mal redet, bevor er richtig nachdenkt und vielleicht auch nicht immer viel Feingefühl beim Reden hat. Der Ton macht ja bekanntlich die Musik. Sein Bekenntnis geht aber noch weiter: *„Inmitten eines Volkes mit unreinen Lippen wohne ich."* Er war kein Einzelfall, sondern seine Mitmenschen, die Personen aus seinem Beziehungsnetz, waren nicht anders und kein bisschen besser.

Sein Fazit aus der Erkenntnis, unreine Lippen zu haben, ist diese: *„Wehe mir, denn ich muss verstummen!"*[3] In der Gegenwart Gottes ist jedes unnütze Wort unangemessen. Wir verstummen lieber, ihm zur Ehre!

Jesajas Art zu reden, war sein Schwachpunkt. Wie es sich genau verhielt mit den „unreinen Lippen" lässt die Bibel offen. Die Vermutung liegt allerdings nahe, dass es etwas mit dem zu tun hatte, was und wie Jesaja vor dieser Begegnung mit Gott geredet hat. Nun stand er vor dem allmächtigen Gott, nicht um verdammt zu werden, sondern um die Hilfe Gottes in Form einer Berührung zu erleben. Der Bibeltext beschreibt, dass einer der Seraphim mit einer Zange eine glühende Kohle vom Altar nahm, um damit die Lippen des Propheten zu berühren. Der Engel erklärt Jesaja dann:

> *Jesaja 6,6b*
> *Siehe, dies hat deine Lippen berührt; so ist deine Schuld gewichen und deine Sünde gesühnt.*

Die Verfasser der Holman Christian Standard Bible kommentieren diesen Abschnitt so:[4]

> *Durch die Reinigung seiner Lippen bereitete Gott Jesaja vor, ein Instrument zu sein, um Gottes prophetischen Auftrag auszuführen. Gott tat das symbolisch, indem ein Seraph die Lippen des Propheten mit einer glühenden Kohle berührte. Feuer kann reinigen (Numeri 31,22-*

23). Die glühende Kohle wurde von dem Altar genommen, auf dem Sühneopfer geopfert wurden (1. Chronik 6,49).

Eine Berührung reicht

Man mag sich das gerne bildlich vorstellen. Die glühende Kohle, die die Lippen des Propheten berührt, wird von dem Engel nur mit einer Zange angefasst. Wir lesen allerdings nichts von Schmerzen, Verbrennungen oder anderen negativen Nachwirkungen beim Propheten. Die Berührungen Gottes, auch wenn sie reinigend sind, bedeuten für seine Kinder keine Schmerzen, sondern Heilung, Trost und Wiederherstellung. Ebenso sind sie Vorbereitung, um in der Berufung Gottes dienen zu können.

Jesaja braucht nie wieder eine reinigende Berührung Gottes in diesem Bereich.

Wer das Buch des Propheten Jesaja schon einmal bis zum Ende gelesen hat, erinnert sich vielleicht daran, dass Jesaja nie wieder eine reinigende Berührung Gottes in diesem Lebensbereich benötigte. Diese eine Begegnung und reinigende Handlung hat für den Rest seines Lebens völlig ausgereicht. Warum das so war, sehen wir gleich noch. Doch vorher schauen wir uns an, wie aus Schwäche Stärke werden kann.

Aus Schwäche wird Stärke

Einen weiteren Punkt finde ich herausragend. Jesajas Schwäche, die unreinen Lippen, werden nach der Berührung Gottes zu seiner Stärke. Er wird berufen, Prophet zu sein, also in Gottes Auftrag zu reden. In seinem Buch finden wir insbesondere eine ganze Reihe an Prophetien auf den kommenden Messias. Gottes Stärke reicht aus, um alle unsere Schwachheiten auszubügeln. Gott begabt die Berufenen und rüstet sie aus.

Die ehemalige Schwäche des Propheten nimmt Gott, behandelt sie und macht daraus eine Stärke. Das erinnert uns an die Jahreslosung für das Jahr 2012:

2. Korinther 12,9

Meine Kraft ist in den Schwachen mächtig.

Ich bin fest davon überzeugt, dass diese Möglichkeit Gott auch heute noch offen steht. Eine Berührung von ihm kann völlig ausreichen, um mit deinen Schwachpunkten fertig zu werden und sogar Stärken daraus zu machen. Alle Lebensbereiche, die dich und vielleicht auch deine Mitmenschen immer wieder vor Herausforderungen stellen, sind kein Problem für Gott. Er kann aus dem größten Mist in deinem Leben guten Dünger zu seiner Ehre machen.

Der Schlüssel dazu liegt in dem Eingeständnis und Bekenntnis unserer Schwäche. Ja, Schwächen oder Unzulänglichkeiten zuzugeben, kann demütigend sein. Aber, die Bibel verheisst dem Demütigen die Gnade Gottes.[5] Wer seine Schwäche als Schwäche anerkennt und damit zu Gott kommt, der wird erleben, wie die Stärke Gottes aus unserer Schwäche etwas Gutes zur Ehre Gottes machen kann.

> Gott kann aus Schwäche eine Stärke machen.

Das Beispiel von Saul

Im Alten Testament finden wir ein weiteres Beispiel, wie Gott in einem Moment einen Menschen ganz verändert hat.[6] Saul, der erste König von Israel, hatte ebenfalls eine lebensverändernde Begegnung mit Gott, wenn auch die Form eine ganz andere war.

Saul, ein Mann aus dem Stamm Benjamin, war auf der Suche nach entlaufenen Eseln. Zusammen mit einem Angestellten seines Vaters sucht er nach den Tieren. Unterwegs kommt ihnen die Idee, sie könnten doch den Propheten befragen, ob er vielleicht weiß, wohin die Esel entlaufen sind. Schnell das Kleingeld in der Hosentasche nachgezählt und beschlossen, dass es als Bezahlung reicht, um vom Seher eine Antwort zu bekommen.

Tatsächlich bekommen sie von dem Propheten Samuel auch den ersehnten Hinweis, wo die Tiere zu finden sind. Aber an dieser Stelle ist das Aufeinandertreffen noch nicht vorbei. Es geschieht noch etwas sehr Eindrucksvolles. Der Prophet nimmt Saul an die Seite, salbt ihn zum König über Israel und spricht ihm dann prophetisch etwas zu:

> *1. Samuel 10,6*
> *Und der Geist des HERRN wird über dich kommen, und du wirst mit ihnen weissagen und wirst in einen anderen Menschen umgewandelt werden.*

Einige Verse später lesen wir, dass sich das prophetische Wort genau so erfüllt hat:

> *1. Samuel 10,9*
> *Und es geschah, als er sich umwandte, um von Samuel wegzugehen, da gab ihm Gott ein anderes Herz. Und alle diese Zeichen trafen an demselben Tag ein.*

In einem Moment ein neues Herz bekommen und in einen anderen Menschen verwandelt werden? Seien wir ehrlich, wer hat sich das nicht schon einmal gewünscht so schnell verändert zu sein, Schwächen abzulegen und zu erleben, wie Gott sich zu uns und unserem Leben stellt? Saul durfte das erleben.

Was meint das Alte Testament mit „Herz“?

In der Anthropologie des Menschen im Alten Testament wird unter „Herz“ (hebr. *leb*) folgendes verstanden:[7]

> *Herz, Gefühl, Wunsch, Vernunft, Willensentschluss, Gewissen*

Mit ziemlich ähnlichen Inhalten wird übrigens auch das griechische Wort für Herz (*kardia*) im Neuen Testament gefüllt.[8]

Wenn die Bibel davon berichtet, dass Saul ein anderes Herz bekam, bedeutete das radikale Veränderung in seinen Denkweisen, Gefühlen und Entscheidungen. Genauso werden Gewissen, Vernunft und Motivationen berührt und verändert. Das ist eine Veränderung, die nur Gott in einem Moment bewirken kann.

Menschen mühen sich, um nur einzelne schlechte Gewohnheiten los zu werden. Wer kennt sie nicht, die guten Vorsätze zum neuen Jahr? Aber aus eigener Kraft können wir uns nicht verändern. Mit viel Willensstärke bekommen wir die eine oder andere Veränderung hin; allerdings ohne Garantie, wie lange das anhält. Wer sich zu Gott hält, wird erleben, dass Gott einfach so verändern kann.

Das Ende Sauls, eine Warnung für uns

Sauls weiterer Werdegang sollte für uns allerdings ein mahnendes Beispiel sein. Denn anders als der Prophet Jesaja hatte König Saul ein ganz anderes Ende. Er wurde eifersüchtig[9], beachtete die Gebote Gottes nicht[10] und pfuschte dem Propheten Samuel ins Handwerk[11]. Er bewahrte die Segnungen Gottes in seinem Leben nicht.

Aus der Entwicklung, die Saul in seinem weiteren Leben durch machte, sehen wir, dass die Gaben Gottes bewahrt und gepflegt werden müssen. Trotz seines neuen Herzens fiel Saul irgendwann derart in Sünde, dass Gott die Königsherrschaft von ihm nahm[12]. Die Berührung Gottes ist keine Garantie, dass es immer so bleibt. Es ist unsere Aufgabe, das zu bewahren, was Gott uns gibt. Einmal mehr ist es die Zusammenarbeit: 100 Prozent Gott und 100 Prozent der Mensch.

Unsere Verantwortung

Die verändernde Berührung Gottes ist keine lebenslange Garantie! Es ist an uns, das zu bewahren, was Gott Gutes in unserem Leben tut. Wir erleben die Segnungen und die verändernden Berührungen aus Gnade. Doch ist es unsere Aufgabe, uns zu befleißigen, um das zu hegen und zu pflegen, was Gott an und in uns tut!

Von Paulus wird diese Verantwortung, die bei uns liegt, im Neuen Testament noch einmal unterstrichen:

> *Philipper 2,12-13*
> *[...] bewirkt euer Heil mit Furcht und Zittern! Denn Gott ist es, der in euch wirkt, sowohl das Wollen als auch das Wirken zu seinem Wohlgefallen.*

Die Verse 12 und 13 scheinen ein Widerspruch zu sein. Erst spricht Paulus davon, dass wir unser Heil mit Furcht und Zittern bewirken sollen. Das passt gar nicht zu ihm, der sonst vielfach die Gnade Gottes unterstreicht. Es sieht aus als wäre es nur unsere Verantwortung. Gleich im nächsten Vers jedoch sieht es so aus, als liege alle Verantwortung bei Gott. Was ist nun richtig? Beides!

In der Tat ist es so, dass Gott ein Verlangen in uns hinein legt, seinen Geboten gehorsam zu sein. Das ist das Wollen. An uns ist es, diesem Gott gegebene Verlangen mit Gottesfurcht und Respekt nachzugeben. An anderer Stelle nennt die Bibel das schlicht und einfach „Gehorsam“. Dann werden wir erleben, wie Gott uns in der Umsetzung, ihm gehorsam zu sein, das Vollbringen schenkt. Es ist eine Zusammenarbeit zwischen Christ und Gott. Beide Seiten geben 100 Prozent Einsatz.

Das Wirken Gottes „bewahren“

Bei Maria, der Mutter von Jesus, sehe ich einen weiteren Aspekt, der wichtig ist, damit die Berührungen Gottes keine Eintagsfliegen in unserem Leben sind. Wir lesen von ihr, dass „sie alle diese Worte in ihrem Herzen bewahrte“[13].

Psalm 103 fordert uns in gleicher Weise auf, den Herrn zu preisen und nie zu vergessen, was der Herr Gutes in unserem Leben getan hat.[14] Die aktive Erinnerung an die vielfältigen Segnungen Gottes in unserem Leben bewahren uns davor, von seinen Wegen abzuweichen. Denn sie erinnern uns immer daran, von wem die Segnung kommt, und wer unser Leben wirklich in seinen Händen hält. Wie heißt es doch so schön: *„Danken schützt vor Wanken und Loben zieht nach oben!"*[15]

Zusammenfassung

Gott kann mit einer Berührung unser gesamtes Leben verändern. Aus menschlichen Schwächen macht er Stärken zu seiner Ehre, die uns helfen, ein Gott wohlgefälliges Leben zu führen. Wir erleben, wie seine Kraft in unserer Schwachheit zur Vollendung kommt. An uns ist es, die erlebte Veränderung zu bewahren, sie sozusagen zu hegen und zu pflegen.

Persönliches Gebet

Ich möchte dich heute mit diesen Zeilen ermutigen und Glauben in dein Leben hinein sprechen. Bereiche in deinem Leben, die dir seit Jahren eine Schwäche sind, möchte Gott gerade jetzt mit seinem reinigenden Feuer berühren, um dich frei zu machen. Ich glaube, dass Gott allen ein neues Herz geben möchte. Nicht im Sinn von Bekehrung und Wiedergeburt, aber im Sinn von Gebundenheiten, Gefängnissen, Zwängen oder Süchten und Gewohnheiten frei zu werden. Ein neues Herz, eine neue Einstellung und neue Denkweisen.

Das Feuer Gottes wird dich berühren. Wenn Gott im AT bei einem Saul einfach ein neues Herz geben konnte, wie viel mehr uns, die wir erlöste Kinder Gottes sind.

Vielleicht sind ebenfalls deine Worte dein großer Schwachpunkt. Es kann auch eine Sucht sein, immer Recht haben zu müssen. Manche Menschen haben eine Schwäche oder Gewohnheit in ihrer Gedankenwelt.

Wollen wir gemeinsam beten?

Herr Jesus, ich komme jetzt zu dir mit all meinen Schwächen und Lebensbereichen, die dir keine Ehre machen. Ich bekenne ____________________ (hier deine Schwächen einsetzen) als Schwäche vor dir. Bitte hilf mir. Bitte nimm du meine Schwäche und erfülle du sie mit deiner Stärke. Bitte schenke mir ein neues Herz.

Ich danke dir für deine Berührung, die mich frei macht, reinigt, heilt und wieder herstellt, gerade jetzt in diesem Moment. Danke, Jesus! Amen.

---

[1] Seraphim waren Engel von großer Macht und Wichtigkeit. Ihre Namen bedeuten „die Brennenden", und die Implikation von Feuer weckt Gedanken von Gefahr und Mysterium. Ihre Augen zu bedecken schützte sie vor der Brillanz der göttlichen Herrlichkeit. Das Bedecken der Füße (hier vermutlich als Umschreibung gebraucht) könnte eine Geste der Unterordnung gewesen sein. (Quelle: Holman Christian Standard Bible, Übersetzung durch den Autor)

[2] New Living Translation Bible Study Notes (Übersetzung durch den Autor)

[3] Hebr. *dâmâ* (still werden, ruhig werden, verstummen, vergehen) Quelle: Gesenius' Hebrew-Chaldee Lexicon to the Old Testament, Eintrag 1820

[4] Holman Christian Standard Bible, Eintrag zu Jesaja 6 (Übersetzung durch den Autor)

[5] 1.Petrus 5,5

[6] Den ganzen Kontext lesen wir in 1. Samuel 9,1 bis 10,16

[7] Hans Walter Wolf, Anthropologie des Alten Testaments, Seite 68 bis 90

[8] vgl. Anmerkung zum Schlüsseleintrag 2558 in der Revidierten Elberfelder Bibel mit Sprachschlüssel

[9] 1.Samuel 18,7-9

[10] 1.Samuel 15,19

[11] 1.Samuel 13,13

[12] 1.Samuel 15,11

[13] Lukas 2,19

[14] Preise den HERRN, meine Seele, und all mein Inneres seinen heiligen Namen! Preise den HERRN, meine Seele, und vergiss nicht alle seine Wohltaten! (Psalm 103,1-2)

[15] Sprichwort, Verfasser unbekannt

Ihr werdet Kraft empfangen

Ein gutes Gebet

Jesus hat seinen Jüngern Beispiele gegeben, wie sie beten können. Wir lesen sowohl im Evangelium von Matthäus als auch von Lukas, dass die Jünger darum bitten: *„Herr, lehre uns beten!“*[1] Dieser Bitte kommt Jesus gerne nach. Zwischen den beiden Begebenheiten liegt einige Zeit. Deshalb finden wir bei Matthäus die ausführlichere Variante, bei Lukas die etwas kürzere Version. Sie war ja lediglich eine Wiederholung und damit Auffrischung von dem, was Jesus bereits gelehrt hatte.

Neben dem sogenannten „Vaterunser“ finden wir in der Bibel auch noch weitere Gebete, die festgehalten wurden. Sie können für uns Inspiration sein, wenn wir einmal nicht wissen, was wir beten sollen. Paulus hat z.B. in seinen Briefen sehr hilfreiche Gebete aufgeschrieben. Sie sind es wert, betend und meditierend gelesen zu werden und können so unser Gebetsleben bereichern.

Ich möchte auf ein kleines, unscheinbares Gebet in der Bibel hinweisen. Es lohnt sich, es täglich zu beten. Es ist nicht einmal explizit als Gebet aufgezeichnet, oder als solches erkennbar. Trotzdem ist es eine Perle für jeden Christen, der aufrichtig Jesus nachfolgen will. Wir lernen dieses Gebet von Johannes dem Täufer. *„Gott in mir muss zunehmen, ich aber muss abnehmen“*[2]. Dieses Gebet spiegelt sehr deutlich wider, wer die Hauptperson in unserem Leben sein sollte, nämlich Jesus Christus, unser Herr und Erlöser.

So oft singen wir in Liedern *„Herr, ich möchte mehr von dir“*. Ich weiß auch, was wir damit meinen, wenn wir solche Texte singen. Sie spiegeln eine Sehnsucht in uns wider. Aber mehr von Gott bedeutet nicht, dass er dir noch irgendetwas geben könnte. Seit deiner Wiedergeburt lebt Gott durch seinen Heiligen Geist in dir. Du bist versiegelt mit dem Heiligen Geist und - wer es von Gott erbeten hat - auch getauft im Heiligen Geist. Mehr Gott in deinem Leben geht nicht.

Die Frage, die du dir eigentlich stellen musst, lautet: *„Wie viel Raum gebe ich Gott in meinem Leben?"* Wenn wir in Liedern oder Gebeten um mehr von Gott bitten oder singen, erscheint es mir manchmal, als würde Gott aus dem Himmel mit Gesang antworten und dir zusingen *„Gib MIR mehr von DIR!"*.

Ich möchte diesen Gedanken noch etwas ausführen und illustrieren. Stell dir vor, dein ganzes Leben ist ein Haus. In dem Moment, in dem du Jesus in dein Leben einlädst, zieht er in dein Lebenshaus ein. Du gibst ihm ein Zimmer, in dem er wohnen darf. Nun wird sich Jesus nicht einfach ungefragt in deinem ganzen Haus ausbreiten. Alle Räume, in die du ihn hinein lässt, die erfüllt er gerne. Aber nur auf deine Einladung hin.

Manche Christen beklagen sich dann, dass Jesus immer nur in dem einen Raum ist, den sie ihm anfangs zugewiesen haben. Sie wollen mehr von seiner Gegenwart. Aber durch ihren Lebensstil haben sie Jesus sozusagen in seinem Zimmer eingeschlossen und wundern sich, dass er nicht heraus kommt. Der Schlüssel dazu ist aber in ihrer Hand. Je mehr wir uns Gott hingeben, desto mehr von ihm werden wir auch in unserem Leben haben und erleben.

Es liegt alleine an dir, wie viel Raum Gott in deinem Leben einnimmt, also, wie viel von Gott in deinem Leben sichtbar wird. Es liegt an dir, wie sehr du dich Gott hingibst. Er hat dir bereits alles gegeben, was zum Leben und zur Gottseligkeit ausreicht.[3] Jetzt wartet er darauf, dass du dich hingibst. Ich werde mich dem Thema „Hingabe" in einem separaten Kapitel ausführlich widmen.

Die Verheißung

Jesus sagt seinen Jüngern, dass es gut ist, wenn er weggeht, damit der andere Beistand kommen kann. Er beschreibt den Beistand, den Heiligen Geist, und zeigt damit auch gleich die Aufgaben, die Gottes Geist auf dieser Erde hat und erfüllt.

Jesus nennt ihn Beistand, was auch Rechtsbeistand, Tröster und Helfer beinhaltet. Eine weitere Eigenschaft des Heiligen Geistes ist es, uns in alle Wahrheit zu führen und uns das Wort Gottes zu erklären[4].

Es ist der Heilige Geist, der uns befähigt, Zeugen Jesu zu sein. Er gibt uns die Kraft für diese Aufgabe.[5] Während wir von Jesus reden, wirkt der Heilige Geist an den Menschen, die es hören und überführt sie von Sünde, von Gerechtigkeit und von Gericht.[6]

Wenn Jesus also sagt, dass es gut ist, wenn der Heilige Geist kommt, dann muss es gut und auch wichtig sein. Gott gibt nichts, was unnötig oder überflüssig ist. Jakobus schreibt, dass alle Gaben, die vom Vater kommen, gut und vollkommen sind.

> *Jakobus 1,16*
> *Jede gute Gabe und jedes vollkommene Geschenk kommt von oben herab, von dem Vater der Lichter, bei dem keine Veränderung ist noch eines Wechsels Schatten.*

Somit ist ganz klar auch die Gabe des Heiligen Geistes gut und vollkommen. Deshalb gibt es keinerlei Grund, den Vater im Himmel *nicht* darum zu bitten. Viele Jahrzehnte und Jahrhunderte lang war der Geist Gottes wenig beachtet, allenfalls als etwas, was es auch noch gibt. Aber das soll aus Gottes Sicht ganz klar nicht so sein.

Tatsächlich ist Jesus sogar am Kreuz gestorben, damit wir den Heiligen Geist empfangen können. Ein Teil unserer Erlösung ist nach Galater 3,14, die Fülle des Heiligen Geistes haben zu können. Dafür hing Jesus auch an dem Fluchholz.

Galater 3,14

[...] damit wir die Verheißung des Geistes durch den Glauben empfingen.

Aufgrund dieser Aussage von Paulus ist es mir persönlich völlig unverständlich, wenn der Geist Gottes lediglich als „Pfingstlehre" abgetan wird. Der Heilige Geist ist genauso Gott, wie es der Vater und der Sohn auch sind.

Ich bin so dankbar, dass es um die Jahrhundertwende 1899-1900 einige Bibelschüler in Topeka, Kansas, gab, welche die Bibel im Hinblick auf den Heiligen Geist studiert haben, um dann zu beten und die Geistestaufe zu empfangen, wie wir es heute auch in pfingstlichen Kirchen kennen mit dem begleitenden Zeichen der Sprachenrede.

Unter diesen Bibelschülern war damals ein Farbiger mit Namen Seymour. Er durfte nicht regulär am Bibelschulunterricht teilnehmen. Das war zu der Zeit Farbigen nicht gestattet. Er musste vor der Tür sitzen, die aber freundlicherweise vom Bibelschullehrer nicht geschlossen wurde, damit Seymour besser mithören konnte.

Dieser Farbige namens Seymour war es, der dann nach Los Angeles ging, um dort in der heute so bekannten Azusa Street Gottesdienste abzuhalten. Von dort aus ging das Pfingstfeuer des 20. Jahrhunderts um die ganze Welt.

Der ausführliche Bericht zu diesen Ereignissen ist u.a. in dem Buch „Feuer fällt in Los Angeles" festgehalten.[7]

Pfingsten damals

Zurück in die Vergangenheit vor knapp 2000 Jahren. Nach seiner Auferstehung verbringt Jesus noch 40 Tage mit seinen Jüngern, um sie über alles zu belehren, was das Reich Gottes angeht. Dann kommt der Tag des Abschieds. Die Jünger schauen ihrem entrückten Herrn solange nach, bis zwei Engel kommen und sie wegschicken.

Die Jünger sind treu gegenüber den letzten Worten ihres Meisters. Er hat ihnen aufgetragen, nach Jerusalem zu gehen und dort zu warten, bis die Verheißung des Vaters kommt. Kein Wort darüber, wie lange es dauern würde. Jesus sagte nur: *„Wartet"*. Genau das tun die Jünger. Sie hatten gelernt, dass es gut ist, auf die Anweisungen Jesu zu hören und sie genau zu befolgen. Jesus meint, was er sagt, damals wie auch heute. Für Jesus war es ganz wichtig, dass die Jünger erst anfangen, das Evangelium zu predigen, wenn sie dafür auch durch den Heiligen Geist ausgerüstet sind. Ebenso brauchen auch wir heute unbedingt die Erfüllung mit der Kraft Gottes, damit wir dem Auftrag Jesu gehorsam sein können.

Die nachfolgende Illustration stammt nicht aus der Bibel, auch nicht aus einer ganz modernen Übersetzung. Sie entspringt alleine meiner Fantasie und ein bisschen meiner Menschenkenntnis:

Mit 120 Personen sitzen die Jünger also dort im Obersaal, wählen einen neuen Apostel als Ersatz für Judas, warten und beten. Der erste Tag mit Gebet vergeht ganz schnell. Welch freudige Erwartung herrscht vor: Die Verheißung des Vaters kommt. Aber noch nicht am ersten Tag. Am zweiten Tag auch nicht. Nach fünf Tagen wird die Situation etwas angespannter. Gedanken gehen auf Wanderschaft: *„Petrus hätte sich die Füße auch mal wieder waschen können. Wer soll denn bei dem Geruch beten? Und warum musste Jakobus wieder so viel Knoblauch essen? Und Johannes, wenn er schon so laut singt, kann er nicht wenigstens die Töne treffen? Ist es eigentlich richtig, dass auch Frauen dabei sein dürfen?"*

Es gelingt, dass sich alle wieder auf das Gebet konzentrieren. Acht Tage gehen vorbei. Immer noch nichts. *„Sind wir immer noch 120, die sich zum Gebet ver-*

sammeln?" Neun Tage. *„Wie soll das nur weiter gehen?"* Es ist der zehnte Tag. Es ist acht Uhr und das gemeinsame Gebet beginnt. Die Uhr tickt und die Zeit vergeht ... .

Apostelgeschichte 2,2-4
Und plötzlich geschah aus dem Himmel ein Brausen, als führe ein gewaltiger Wind daher, und erfüllte das ganze Haus, wo sie saßen. Und es erschienen ihnen zerteilte Zungen wie von Feuer, und sie setzten sich auf jeden einzelnen von ihnen. Und sie wurden alle mit Heiligem Geist erfüllt und fingen an, in anderen Sprachen zu reden, wie der Geist ihnen gab auszusprechen.

Die Verheißung des Vaters kam. Nicht unauffällig. Nicht mitten in der Nacht, ganz verborgen. Sie kommt am hellen Tag mit Lautstärke, mit Feuerflammen, mit sichtbaren und hörbaren Zeichen. Mit Pauken und Trompeten, wie es so schön im Volksmund heißt.

Der Geist Gottes kommt in die Welt. Alle Anwesenden in Jerusalem bekommen es mit. Zum ersten Mal kommt er nicht nur *auf* Menschen, um sie zu einer Aufgabe zu befähigen, sondern jetzt *erfüllt* er sie. Gott selbst macht Wohnung in den Menschen. Menschen werden völlig mit Gott erfüllt, was für ein Ereignis! Das gab es niemals zuvor. Eine neue Epoche der Geschichte Gottes mit seinen Menschen beginnt! Das prophetische Wort aus Joel 3 erfüllt sich.

Joel 3,1-2
Danach wird es geschehen, dass ich meinen Geist ausgießen werde über alles Fleisch. Und eure Söhne und eure Töchter werden weissagen, eure Greise werden Träume haben, eure jungen Männer werden Gesichte sehen. Und selbst über die Knechte und über die Mägde werde ich in jenen Tagen meinen Geist ausgießen.

Ich glaube, dass der ganze Himmel auf diesen Moment gewartet hat. Die Ereignisse der letzten Tage haben alle in Atem gehalten. Der über alles geliebte Sohn Gottes wird Mensch, der Liebling des Himmel stirbt am Kreuz und erträgt die ganze Sündenlast der ganzen Welt. Atemlose Stille im Himmel. Am dritten Tag kommt der Geist Gottes auf den toten Körper Jesu und belebt ihn neu. Vierzig Tage später ist der Sohn Gottes wieder zuhause im Himmel und nimmt seinen Platz zur Rechten Gottes ein. Es ist vollbracht!

Und während Jesus auf dem Berg Abschied von seinen Jüngern nimmt, bereitet sich der Heilige Geist vor, sie alle mit sich selbst zu erfüllen. Jesus kommt im Himmel an. Zehntägige Konferenz Vater - Sohn - Heiliger Geist. Ein Countdown im Himmel. Zehn ... neun ... acht ..., bis die zehn Tage bis zum Pfingstfest herunter gezählt sind. Und dann ist er da. Der Geist Gottes wohnt von nun an in Menschen, die sich zu Jesus bekehren und von neuem geboren werden. Welch eine Gnade, welch ein Vorrecht, welch unfassbares Ereignis!

Pfingsten heute

Manch einer mag denken: *„Wie gerne wäre ich doch dabei gewesen!“*. Weißt du, derselbe Heilige Geist, der Christus aus den Toten auferweckt hat, derselbe Heilige Geist, der vor 2000 Jahren die Jünger erfüllt hat, möchte auch dich erfüllen. Er tut es seit 2000 Jahren wieder und wieder und wieder. Millionen Menschen auf dieser Welt haben diese Kraft Gottes erlebt und wollen nicht mehr ohne sie leben.

Mehr denn je brauchen wir diesen Heiligen Geist Gottes. Wenn wir Zeugen Jesu sein wollen, die etwas zu sagen haben, die mit Kraft, Autorität und Vollmacht Botschafter für das Reich Gottes sein wollen, dann brauchen wir ihn so sehr.

Jesus sagte seinen Jüngern: *"Ihr werdet Kraft empfangen, wenn der Heilige Geist auf euch kommt, und ihr werdet meine Zeugen sein."*[8] Genau das haben die

Jünger erlebt. Genau das werden wir ebenfalls erleben, wenn wir Gott darum bitten. Der Heilige Geist ist eine Verheißung Gottes an uns, die wir an Jesus Christus glauben. Weil er eine Verheißung ist, brauchen wir Gott nur noch darum bitten und werden von ihm empfangen.

Matthäus 7,7
Bittet, und es wird euch gegeben.

Petrus

Er hatte immer eine große Klappe. Er hatte ein paar Offenbarungen, hatte genauso oft richtig daneben gelegen und immer die blöden Fragen gestellt, die alle anderen auch hatten, aber ohne den Mut, die Fragen zu stellen. Noch kurz bevor Jesus gefangen genommen wird, spuckte Petrus ganz große Töne. *„Ich werde dich niemals verlassen.“* In seinem großen Eifer gelang es ihm sogar, mit einem Schwert einem Soldaten ein Ohr abzuschlagen. Dann leugnete er dreimal, dass er ein Jünger Jesu sei und verfluchte sich sogar selbst dabei. Der Hahn krähte,[9] von wegen, Petrus würde Jesus niemals verlassen!

Dann kam die Begegnung mit Jesus nach seiner Auferstehung und Petrus‘ Rehabilitierung.[10] Aber am Pfingsttag wurde alles anders. Auch Petrus wurde erfüllt mit dem Heiligen Geist Gottes und fühlte sich jetzt seinem Herrn und Erlöser wahrscheinlich näher als jemals zuvor.

Er machte den Mund auf, begann zu reden. Vielleicht haben sich einige der Jünger an alte Zeiten erinnert und dachten: *„Petrus, bitte pass auf, was du sagst“*. Sie wussten ja noch nicht, dass der Heilige Geist Menschen total verändern kann. Woher sollten sie es auch wissen? Was gerade passierte, war Weltpremiere, ein absolutes Novum.

Der Heilige Geist konnte sogar mit dem großen Mundwerk von Petrus fertig werden und ihn verändern. Petrus predigt. Der Geist Gottes wirkt und bestätigt das Wort Gottes und etwa dreitausend Menschen bekehren sich zu Jesus Christus und lassen sich als sichtbares Zeichen aufgrund ihres persönlichen Glaubens im Wasser taufen[11].

So sieht die Kraft Gottes aus, wenn sie auf einen Petrus kommt. Wie wird es aussehen, wenn Gottes Kraft so auf dich kommt? Derselbe Gott, derselbe Herr, derselbe Heilige Geist, dieselbe Verheißung. Deshalb dürfen wir auch die gleichen Auswirkungen erwarten! Durch den Propheten Joel kündigt Gott an, dass er seinen Geist auf alles Fleisch ausgießen wird. Wenn du also aus Fleisch und Blut bestehst, dann gilt diese Prophetie auch für dich!

Derselbe Heilige Geist, der Pfingsten die Jünger erfüllte, möchte auch dich erfüllen!

Wie geht es weiter?

Einige Tage später erleben die Jünger etwas, was Jesus ihnen auch gesagt hat. Verfolgung. Sie werden verhaftet, weil sie Zeugen Jesu sind. Jesus hatte ihnen gesagt, dass es so kommen wird.[12] Die Jünger entscheiden sich zu beten. Ihr Gebet ist bemerkenswert. Die Antwort Gottes ist ein Erdbeben und eine erneute Erfüllung mit seiner Kraft, warum? Wir wollen kurz in dieses Gebet hinein schauen, denn hier können wir etwas von den ersten Jüngern und ihrer Hingabe lernen.

> *Apostelgeschichte 4,24-31*
> *Sie aber, als sie es hörten, erhoben einmütig [ihre] Stimme zu Gott und sprachen: Herrscher, du, der du den Himmel und die Erde und das Meer gemacht hast und alles, was in ihnen ist; der du durch den Heiligen Geist durch den Mund unseres Vaters, deines Knechtes David, gesagt hast: "Warum tobten die Nationen und sannen Eitles die Völker? Die Könige der Erde standen auf und die Fürsten versammelten sich gegen den Herrn und seinen Gesalbten." Denn in dieser Stadt*

versammelten sich in Wahrheit gegen deinen heiligen Knecht Jesus, den du gesalbt hast, sowohl Herodes als Pontius Pilatus mit den Nationen und den Völkern Israels, alles zu tun, was deine Hand und dein Ratschluss vorherbestimmt hat, daß es geschehen sollte. Und nun, Herr, sieh an ihre Drohungen und gib deinen Knechten, dein Wort mit aller Freimütigkeit zu reden; indem du deine Hand ausstreckst zur Heilung, und daß Zeichen und Wunder geschehen durch den Namen deines heiligen Knechtes Jesus. *Und als sie gebetet hatten, bewegte sich die Stätte, wo sie versammelt waren: und sie wurden alle mit dem Heiligen Geist erfüllt und redeten das Wort Gottes mit Freimütigkeit".*

Aus der Zusage Jesu und aus ihrem direkten Erleben wussten die Jünger, dass der Heilige Geist Kraft zum Zeugendienst gibt. Ihr Gebet war, dass sie weiterhin Freimütigkeit haben, das Wort Gottes zu reden. Kein Gebet gegen die Widerstände. Keine geistliche Kriegsführung gegen den Geist der Verfolgung. Keine Bitte um innere Heilung nach den Verfolgungen und Misshandlungen.

Es gab nur einen Gedanken, nur eine Blickrichtung: Jetzt erst recht! Und dieses Gebet gefällt Gott so gut, dass er eben vorbei kommt, seine Kinder besucht und die Erde bebt. Das war im Alten Testament schon so, als Gott auf den Berg kam, um mit seinem Volk zu reden[13]. Im Neuen Testament ist es genauso. Dort, wo Gott ist, da ist Bewegung und Leben. Da bebt auch schon mal die Erde.

Zusammenfassung

Gott hat verheißen, seinen Heiligen Geist allen zu geben, die ihn darum bitten. Die Zusagen Gottes verändern sich nicht. Sie sind und bleiben aktuell. Jesus betont, wie wichtig es ist, dass die Jünger erst die Kraft aus der Höhe empfangen, bevor sie dem Missionsbefehl nachgehen.

Deshalb möchte ich dich ermutigen, gerade jetzt zu beten und den Vater im Himmel zu bitten, dass er die Verheißung seines Geistes in dein Leben gibt. Er möchte es gerade jetzt tun. Bist du bereit?

Mögliches Gebet

Herr Jesus, ich danke dir, dass du verheißen hast, deinen Heiligen Geist als Beistand zu senden. Ich bitte dich, dass du mich mit deinem Heiligen Geist erfüllst und mir dadurch auch die Kraft schenkst, ein Zeuge für dich zu sein, der anderen Menschen davon erzählt, was du Gutes in meinem Leben getan hast. Bitte, Heiliger Geist, erfülle mich jetzt. Ich bin bereit. Amen.

---

1 vgl. Mt. 6,9ff / Lukas 11,1ff
2 vgl. Johannes 3,30
[3] vgl. 1.Petrus 1,3
[4] vgl. Johannes 16,13-15
[5] vgl. Apostelgeschichte 1,8
[6] vgl. Johannes 13,8
[7] Feuer fällt in Los Angeles, Frank Bartlemann, Verlag C.M. Fliß
[8] vgl. Apostelgeschichte 1,8
[9] vgl. Lukas 22,60-62
[10] vgl. Johannes 21,15ff
[11] vgl. Apostelgeschichte 2,41
[12] vgl. Matthäus 10,16-19
[13] vgl. Exodus 19,18

Erweckung fordert uns heraus

Bisher

Wir beschäftigen uns mit Erweckung und mit dem Feuer Gottes. Ersteres geht nicht ohne Menschen, die vom Feuer des Heiligen Geistes angezündet sind. Dabei geht es nicht um die informative Ebene. Wir brauchen nicht noch ein Buch, noch ein Seminar oder noch eine weitere Predigt darüber, ob Erweckung notwendig ist und wie schön es wäre, sie zu haben.

Ich erbitte von Gott, dass er sein geistliches Feuer auf uns fallen lässt. Darf er uns reinigen, entzünden und anhaltend brennend machen? Bevor du jetzt beim Lesen nett lächelst und nickst, möchte ich dich gerne warnen. Das Feuer Gottes ist kein Spiel. Es geht dabei nicht um theologische Richtigkeit, der wir bei Bedarf zustimmen oder auch nicht. Darf uns das Wort Gottes noch treffen und berühren? Oder sind wir bereits so reif und heilig, dass wir nur noch aus der Beobachterposition alles beurteilen und im Zweifelsfall sowieso alles besser wissen? Besser wissen ist relativ einfach, besser machen nicht.

Sind wir bereit zu beten: *„Erwecke mich, Herr! Berühre mich mit deinem Feuer“* - mit allen Konsequenzen für unser Leben?

Ein glimmender Docht

Bei dem Propheten Jesaja lesen wir eine Aussage über Gott, die wir gerne zitieren, wenn es uns nicht so gut geht.

> *Jesaja 42,3*
> *Das geknickte Rohr wird er nicht zerbrechen, und den glimmenden Docht wird er nicht auslöschen.*

Wenn es im Leben eines Gläubigen zu Themen wie „Hingabe“, „Nachfolge“ oder „Gottesfurcht“ kommt, habe ich des Öfteren den Eindruck, dass einige sehr wohl damit zufrieden sind, einfach nur ein glimmender Docht zu sein. Man glaubt an Gott und hat natürlich auch Jesus als persönlichen Erlöser angenommen. Der Besuch des Gottesdienstes am Sonntagmorgen gehört auch dazu, sofern man nicht zu einem Brunch eingeladen ist oder einfach mal ausschlafen möchte.

Reicht es denn nicht, wenn man ein wenig vor sich hin glimmt? Es ist eine schwierige Frage. Wenn du damit zufrieden bist zu glimmen, ja. Aber ich ahne, dass du eines Tages erkennen wirst, was du alles verpasst hast, weil glimmen bequemer war, als für Gott zu brennen. Nur als Nebenbemerkung: eine Kerze, die nur noch glimmt, macht viel Rauch und verbreitet unangenehmen Geruch. Wir sind immer eifrig bemüht, eine glimmende Kerze sehr schnell ganz auszulöschen.

Herausforderung

Die Seiten dieses Buches werden uns hoffentlich herausfordern. Einige von uns werden Entscheidungen treffen müssen, ob sie ihr Leben weiterhin so leben wollen, wie sie es bisher getan haben. Im Reich Gottes gibt es keine Grauzonen. Es ist auch kein Ort für Mitläufer, die von ein paar Segnungen profitieren wollen. Gott sucht Menschen, die er mit Heiligem Geist und Feuer taufen kann.

> *Gib mir hundert Männer, die nichts fürchten außer der Sünde und nichts begehren außer Gott, und es ist mir egal, ob es Geistliche oder Laien sind, sie alleine werden die Pforten der Hölle erschüttern und das Reich des Himmels auf der Erde aufrichten (John Wesley)*[1].

Genau solche Männer und Frauen sucht Gott. Wird er sie womöglich unter den Leserinnen und Lesern dieses Buches finden? Es ist übrigens gar nicht schlimm, würde Gott nicht nur hundert, sondern tausend oder gar zehntausend Menschen mit oben genannter Eigenschaft finden.

Das wünscht sich Jesus

> *Lukas 12,49*
> *Ich bin gekommen, Feuer auf die Erde zu werfen, und wie wünschte ich, es wäre schon angezündet!.*

Er ist der Herr, der mit Heiligem Geist und Feuer tauft. So wird Jesus von Johannes dem Täufer angekündigt. Eine Eigenschaft, an der man den Messias erkennen kann, ist diese: Er wird mit Heiligem Geist und Feuer taufen.

Johannes der Täufer predigte am Fluss Jordan Buße und Umkehr zu Gott. Er stand im Wasser und als Zeichen ihrer Buße und Umkehr ließen sich die Menschen von ihm taufen. Umkehr und Buße gehören übrigens auch zu Erweckung. Denn sie sind ein wichtiger Schritt zurück zu dem Standard Gottes.

Einige Menschen damals fragten Johannes, ob er der Messias sei, den die Propheten angekündigt haben. Johannes verneint das. Er sieht sich nur als Wegbereiter. Er ist nur die Stimme eines Rufenden in der Wüste. Die Leute fragen ihn, wer denn der Messias sei, woran man ihn erkennt, wie er wohl aussieht und wann genau er denn kommen wird.

> *Matthäus 3,11*
> *Ich zwar taufe euch mit Wasser zur Buße; der aber nach mir kommt, ist stärker als ich, dessen Sandalen zu tragen ich nicht würdig bin; er wird euch mit Heiligem Geist und Feuer taufen.*

Alle diese Fragen kann Johannes nicht beantworten, aber er nennt ein Zeichen, an dem man den Messias erkennen wird. Er wird mit Heiligem Geist und Feuer taufen. Johannes kann das Äußere des Messias nicht beschreiben. Er weiß auch nicht, wann der Messias genau kommen wird. Er weiß nur eine Sache, wenn der Messias kommt, dann wird er mit Heiligem Geist und Feuer taufen. Das ist das

Erkennungszeichen, bis heute. Es gibt nur einen Gott, der Menschen mit Kraft aus der Höhe berührt und sie mit Heiligem Geist und Feuer tauft.

Was verzehrt das Feuer Gottes?

Bevor wir uns in dem nächsten Kapitel der Thematik „Hingabe“ widmen, möchte ich auf die Beschreibung Gottes als verzehrendes Feuer zurückkommen. Was verzehrt das Feuer Gottes eigentlich?

Brandopfer

Im Alten Testament wurden die meisten Opfer mit Feuer verbrannt.

> *Levitikus 1,9*
> *Und der Priester soll das Ganze auf dem Altar in Rauch aufgehen lassen: ein Brandopfer [ist es], ein Feueropfer als wohlgefälliger Geruch für den HERRN.*

Bei der Einweihung der Stiftshütte zu Moses Zeiten verzehrte Feuer vom Himmel die Opfer, die zur Einweihung geopfert wurden. Elia forderte die Baalspriester seiner Zeit heraus. Wiederum antwortete Gott mit Feuer aus dem Himmel[2] als Bestätigung für seinen Propheten Elia. Auch Gideon[3] hatte solch „verbrennende“ Begegnung mit einem von Gott gesandten Engel.

Gericht

Bei verschiedenen Gelegenheiten wird das Gericht Gottes durch Feuer vollzogen oder durch Feuer symbolisiert. Ein Beispiel dafür finden wir bereits ziemlich am Anfang der Bibel. Nach dem Sündenfall von Adam und Eva werden sie aus dem Paradies vertrieben.

> *Genesis 3,24*
> *Und er trieb den Menschen aus und ließ östlich vom Garten Eden die*

Cherubim sich lagern und die Flamme des zuckenden Schwertes, den Weg zum Baum des Lebens zu bewachen.

Das klassische Beispiel für Gericht Gottes durch Feuer ist die Strafe über Sodom und Gomorra. Wir lesen davon in Genesis 19,24-25:

Da ließ der HERR auf Sodom und auf Gomorra Schwefel und Feuer regnen von dem HERRN aus dem Himmel und kehrte diese Städte um und die ganze Ebene [des Jordan] und alle Bewohner der Städte und das Gewächs des Erdbodens.

Ein weiteres Beispiel entdecken wir in dem Bericht der Wüstenwanderung Israels. Einmal mehr war das Volk widerspenstig gegen die Gebote Gottes und gegen ihren Leiter Mose.

Numeri 16,35
Und Feuer ging aus von dem HERRN und fraß die 250 Männer, die das Räucherwerk dargebracht hatten.

Das Feuer zum Gericht und zur Reinigung entdecken wir auch in einem Brief vom Apostel Paulus an die Gemeinde in Korinth.

1. Korinther 3,12-13
Wenn aber jemand auf den Grund Gold, Silber, kostbare Steine, Holz, Heu, Stroh baut, so wird das Werk eines jeden offenbar werden, denn der Tag wird es klarmachen, weil er in Feuer geoffenbart wird. Und wie das Werk eines jeden beschaffen ist, das wird das Feuer erweisen.

Paulus macht in diesem Text übrigens die Verantwortlichkeit des einzelnen Gläubigen für sein eigenes Leben sehr deutlich. In unserer Zeit sind wir geprägt davon, immer irgend jemand zu finden, der dafür verantwortlich ist, warum wir so sind, wie wir sind. Na ja, eigentlich ist das ja nichts Neues. Adam hat auch schon versucht, Eva die Schuld für den Sündenfall in die nicht vorhandenen Schuhe zu schieben. Eva versuchte, das Gleiche mit der Schlange zu machen. Diese wiederum hatte niemanden mehr zum Schuld zuschieben. Im ganzen Neuen Testament ist Adam der Verantwortliche dafür, dass die Sünde in die Welt kam. Aber zurück zum Thema.

Zum Abschluss noch ein Beispiel aus dem letzten Buch der Bibel, der Offenbarung. Das finale Gericht über den Teufel und seine Dämonen endet in einem See aus Feuer und Schwefel.

> *Offenbarung 20,10*
> *Und der Teufel, der sie verführte, wurde in den Feuer- und Schwefelsee geworfen, wo sowohl das Tier als auch der falsche Prophet sind; und sie werden Tag und Nacht gepeinigt werden von Ewigkeit zu Ewigkeit.*

Feuer zur Reinigung

An dem Beispiel von Jesaja haben wir gesehen, dass Feuer ein Symbol und ein Mittel zur Reinigung ist. Unreinheit wird durch Feuer gereinigt. Vor vielen Jahren wurden z.B. medizinische Geräte desinfiziert, indem sie im Feuer erhitzt wurden. Dadurch wurden - nach damaligen Standard - alle Keime und Bakterien abgetötet.

---

[1] Quelle: http://blog.logos.com/2011/04/ten_thought-provoking_john_wesley_quotes/
[2] vgl. 1.Könige 18,36-38
[3] vgl. Richter 6,21-22

Hingabe

Dieses Kapitel über Hingabe widmet sich unserer Bereitschaft, Gott unser ganzes Leben hinzugeben. Rettung, Heil, Segen und Vergebung von Sünde sind ein Teil des Evangeliums. Jesus spricht über andere Aspekte, die ebenfalls zur Nachfolge dazu gehören. Hingabe ist einer dieser Aspekte.

Was hat es nun mit „Hingabe" im christlichen Glauben auf sich? Was hat die Bibel dazu zu sagen? Ich möchte dich gerne vorwarnen und das Kleingedruckte bereits jetzt verraten: Bei Hingabe geht es nur um Gott, Punkt.

> *Matthäus 16,24-25*
>
> *Dann sprach Jesus zu seinen Jüngern: Wenn jemand mir nachkommen will, verleugne er sich selbst und nehme sein Kreuz auf und folge mir nach! Denn wer sein Leben retten will, wird es verlieren; wer aber sein Leben verliert um meinetwillen, wird es finden.*

In unserer Gesellschaft entwickelt sich „Hingabe" mehr und mehr zu einem Fremdwort. Wo wir auch hinschauen, geht es in der Regel immer darum, was ich herausbekomme. Mein Einsatz muss sich lohnen. Mit möglichst wenig möchten wir möglichst viel erhalten.

Billig - und was kommt dann?

Ein Beispiel für diese Haltung finden wir in der Lebensmittelbranche. Unsere Lebensmittel müssen immer billiger werden, weil Geiz ja angeblich geil ist. Also entschließen sich Produzenten, sogenannten Analogkäse[1] herzustellen. Der ist bedeutend billiger als echter Käse. So können billige Preise realisiert werden. Oftmals merken wir nicht, dass wir diese Skandale selbst provozieren. Wer billige Produkte haben möchte, darf sich nicht wundern, wenn er - wortwörtlich - billige Waren erhält.

Das Ganze erinnert ein wenig an den Film *„Brust oder Keule“* mit Louis de Funès in der Hauptrolle.[2] Der Kunde kauft, Hauptsache, es ist billig. Nicht jeder hat es schon verstanden, dass Qualität ihren Preis kostet. Noch billiger als günstig geht eben nur mit miesen Tricks.

Das Ehrenamt

Im Bereich des Ehrenamts wird Hingabe gelebt. Herausragende Beispiele sind z.B. Mitglieder von Amnesty International, Ärzte ohne Grenzen oder die ganzen Einsatzkräfte der freiwilligen Feuerwehr vor Ort. Wegen eines Zwecks, für eine gute Sache sind Menschen bereit, etwas von ihrer Zeit, ihrer Kraft und von ihrem Geld zu geben.

Dieser ehrenamtliche Einsatz geht in manchen Bereichen immer weiter zurück. Immer häufiger schauen Mitglieder eines Vereins, wie sie sich von der Hingabe freikaufen können: z.B. der jährliche Herbstputz im Tennisverein, Pflichttermin für alle Mitglieder oder 50 Euro in die Vereinskasse. Schade, dass immer mehr Personen die 50-Euro-Variante wählen. Sich selber hinzugeben kommt immer mehr aus der Mode.

Christlicher Atheismus

Es gibt eine Tendenz, die von manchen Predigern als christlicher Atheismus bezeichnet wird. Es scheint auf den ersten Blick ein Widerspruch zu sein. Kann jemand Atheist sein und sich doch christlich verhalten? Es ist traurig aber wahr. Es gibt immer mehr Menschen, die zwar an Gott glauben, aber doch ihren Alltag so leben, als gäbe es ihn nicht. Werden sie darauf angesprochen, ob es Gott gibt, werden sie bejahen. Die Herausforderung, gemäß dieses Glaubens zu leben hingegen wird nicht angenommen. Klar, man geht auch mal zur Kirche, wenn man sich danach fühlt. Wenn es einen mal überkommt, wird sporadisch oder auch häufiger in der Bibel gelesen, aber nie mit einer konsequenten Anwendung und Umsetzung für das eigene Leben.

Im persönlichen Glauben gibt es den Himmel ganz sicher, die Hölle vielleicht. Gebete sehen dann etwa so aus: *„Herr, bewahre uns bei den wilden Partys"*, *„Hilf, dass meine Freundin beim unehelichen Sex nicht schwanger wird"*, *„Mach, dass wir nicht erwischt werden, wenn wir bei der Matheklausur schummeln"*.

Aber, wir sind doch in und durch Jesus Christus eine neue Schöpfung! Wann werden wir anfangen, dem entsprechend zu leben? Wann werden wir endlich *„würdig des Evangeliums des Christus"*[3] leben?

Gibt es Analog-Christen?

In unserer „Geiz ist geil" Gesellschaft müssen alle Produkte möglichst billig sein. Ganz wenig bezahlen und ganz viel dafür bekommen ist die Devise. Irgendwann können Produkte aber nicht noch billiger werden, ohne dass geschummelt wird.

Manchmal frage ich mich, ob es auch eine Art „Analog-Christen" gibt als Pendant zum Analogkäse. Sie möchten alle Segnungen haben und natürlich auch mitreden. All-inclusive Service in der Gemeinde steht ganz oben auf der Wunschliste. Geht es allerdings darum, mit dabei zu sein und mitzuarbeiten, dann wird der Einsatz zu hoch. Sich regelmäßig an den Finanzen der Gemeinde zu beteiligen ist schon fast eine Überforderung. *„Reicht es denn nicht, wenn ich (regelmäßig) da bin?"*

Gründe für Hingabe

2. Mose 3,7-8

Der HERR aber sprach: Gesehen habe ich das Elend meines Volkes in

Ägypten, und sein Geschrei wegen seiner Antreiber habe ich gehört; ja, ich kenne seine Schmerzen. Und ich bin herabgekommen, um es aus der Gewalt der Ägypter zu erretten und es aus diesem Land hinaufzuführen in ein gutes und geräumiges Land, in ein Land, das von Milch und Honig überfließt, an den Ort der Kanaaniter, Hetiter, Amoriter, Perisiter, Hewiter und Jebusiter.

Das Volk Israel war berufen, in Freiheit zu leben. Deshalb führte Gott sein Volk mit beeindruckenden Wundern aus Ägypten, wo es über 400 Jahre als Sklaven der Ägypter gelebt hatte. Weiterhin war Israel berufen, gesegnet zu sein und aufgrund des eigenen Segens alle anderen Völker ebenfalls zu segnen.

Mose sollte das Volk aus Ägypten herausführen. Josua sollte es in das verheißene Land hineinführen. Die Befreiung hatte einen Zweck, ein Ziel. Die größte Herausforderung war es jedoch nicht, Israel aus Ägypten zu bekommen, sondern Ägypten aus den Köpfen und dem Denken der Israeliten zu bekommen.

Israel konnte sein Erbe, das verheißene Land, solange nicht antreten, bis es bereit war, alles los zu lassen (die Fleischtöpfe Ägyptens, das geregelte Leben, die Götzen usw.). Vierzig Jahre lang wandern sie durch die Wüste, um in den gleichen Grundfragen immer wieder zu murren, anzuklagen und Gott auf die Probe zu stellen. Mehr als einmal lesen wir davon, dass Gott von seinem Volk sozusagen „die Nase voll hatte“.

So wie Israel für einen Zweck aus Ägypten befreit wurde, hat Gott auch uns erlöst und aus der Sklaverei und der Macht der Sünde befreit. Wir sind nach 2.Petrus 2 Gottes Eigentum („Ein Volk zum Besitztum“) mit einer Arbeitsaufgabe: *„die Tugenden dessen zu verkündigen, der uns aus der Finsternis befreit hat“*.

Epheser 2,18-20
Denn durch ihn haben wir beide durch einen Geist den Zugang zum Vater. So seid ihr nun nicht mehr Fremde und Nichtbürger, sondern ihr seid Mitbürger der Heiligen und Gottes Hausgenossen. [Ihr seid] aufgebaut auf der Grundlage der Apostel und Propheten, wobei Christus Jesus selbst Eckstein ist.

Markus 16,15-16
Und er sprach zu ihnen: Geht hin in die ganze Welt und predigt das Evangelium der ganzen Schöpfung! Wer gläubig geworden und getauft worden ist, wird errettet werden; wer aber ungläubig ist, wird verdammt werden.

Jesus hat uns befreit für einen Zweck. Dein Leben als Christ hat einen Zweck, der weit darüber hinaus geht, errettet zu sein und möglichst die Gebote Gottes zu halten, um dann einmal die Ewigkeit bei ihm zu verbringen.

„Geht hin ..." ist keine Option, eine Möglichkeit oder eine Ermutigung, sondern ein Befehl. Eine ganz klare Ansage. Es gibt keine Alternative!

Wie können wir die ganze Welt erreichen? Indem jeder anfängt, seine kleine Welt zu erreichen. Genau so haben die Jünger vor 2.000 Jahren auch die ganze damals bekannte Welt erreicht. Wenn jeder von uns anfängt, in seiner Welt Licht und Salz zu sein, dann können wir gemeinsam die ganze Welt für Jesus gewinnen. Alleine bringen wir es nicht weit. Aber gemeinsam sind wir stark. Gott hat uns nie als Einzelgänger berufen. Er ruft und führt immer zur Gemeinschaft, zu einem Miteinander.

Du wirst entdecken, dass sich Hingabe lohnt und dich immer näher an den Punkt „Sinn deines Lebens" bringen wird. Auf den ersten Blick klingt „Hingabe" nach „Verlust". Und ja, in manchem Bereich wird es aus weltlich materieller Perspektive auch so sein. Aus geistlicher Perspektive gibt es nichts, was dich mehr beschenkt, als alles für Jesus zu geben. Damit *„das Lamm die Frucht seiner Leiden empfängt“*[4]. Etwas später mehr dazu.

Ablenkungen inklusive

Wir beschäftigen uns so sehr mit den natürlichen Dingen, dass die übernatürliche Dimension in Vergessenheit gerät. Und damit geraten wir auch in die Gefahr, unseren Auftrag zu vergessen.

David hatte eine Berufung, nämlich König über ganz Israel zu sein. Sein ganzes Leben hatte er immer wieder mit Ablenkungen zu tun und musste sich bewusst von ihnen abwenden. Mal waren es seine Brüder, dann Goliath, viele Jahre lang wurde David von Saul verfolgt. Dazu kommen im Laufe der Jahre auch noch eigene Verfehlungen.

Und wenn wir ehrlich sind, ergeht es uns auch nicht anders. Immer wieder dürfen wir uns auf die Worte des Apostels Paulus besinnen, wie er sie an die Kolosser schreibt:

> *Kolosser 3,1-2*
> *Wenn ihr nun mit dem Christus auferweckt worden seid, so sucht, was droben ist, wo der Christus ist, sitzend zur Rechten Gottes! Sinnt auf das, was droben ist, nicht auf das, was auf der Erde ist!.*

Hier geht es um den richtigen Blickwinkel. Es gilt, unserem Wesen entsprechend zu leben. Wenn es um unsere Identität in Christus geht, dann sind wird schnell dabei zu zitieren, dass wir ja an himmlischen Orten wandeln usw. Dabei geht es ja um uns, wer wir sind und was wir alles haben können.

Wie sieht es aber aus, wenn wir Prioritäten setzen sollen, bei denen der Wille Gottes ganz oben auf der Liste steht? Sind wir dann immer noch genauso eifrig? Oder wird die Herausforderung dann zu anstrengend?

Aktivität ist gefragt

Die Worte „sucht“ und „sinnt“ aus dem eben gelesenen Bibeltext beschreiben eine aktive Handlung, die wir tun. Zu diesen Handlungen müssen wir uns entscheiden und wir müssen uns immer wieder entscheiden. Zur Aktivität müssen wir uns immer wieder entscheiden. Besonders im Neuen Testament werden wir immer wieder aufgefordert, wachsam zu sein. Auch das ist Aktivität. Das ganze Leben als Christ ist gekennzeichnet von Aktivität.

Das bedeutet nicht, dass wir unser Leben auf der Erde ignorieren sollen. Wir leben in dieser Welt. Wir haben Verantwortung für unser Leben, für unsere Familie und für andere Bereiche unseres Lebens. Gott hat uns für eine Zeit an einen bestimmten Ort gestellt, damit wir dort leben. Nebenbei dürfen wir Licht und Salz sein, um andere Menschen auf Jesus Christus hinzuweisen.

Nicht mehr lebe ich

Wir reden gerne darüber, dass *„wir gestorben sind und jetzt Christus in uns lebt“*[5]. Nun müssen wir einen Schritt weiter gehen. Wie sieht diese wertvolle geistlich Wahrheit denn in der Praxis aus? Was heißt es praktisch, dass Christus jetzt in uns lebt und wir nicht mehr uns selber leben?

Die Antwort als Zusammenfassung könnte vielleicht so lauten. In allem, was ich tue, frage ich Gott. In alles, was ich plane, beziehe ich Jesus mit ein. Alles, worüber ich nachdenke, soll geprägt und erfüllt sein von Gottes Wort und von seinem Willen.

Wandelt im Geist

Galater 5,16
Ich sage aber: Wandelt im Geist, und ihr werdet die Begierde des Fleisches nicht erfüllen.

Das ist der Schlüssel, nicht im Fleisch zu leben. Diese Wahrheit ist so banal, dass man sie gerne überliest. Es geht fast automatisch. Immer, wenn wir im Geist wandeln, dann erfüllen wir die Lust des Fleisches nicht. Ich möchte das mit einem Beispiel von den Pfadfindern illustrieren.

Pfadfinder lernen, mit einem Kompass umzugehen. Anhand von Kompass und Karte finden sie alle Wege und Pfade. Nun bekommen sie von ihrem Gruppenleiter die Anweisung, nach Norden zu gehen. Weißt du, was passiert? Sie gehen ganz sicher nicht nach Süden. Wer nach Norden geht, ist nicht in Richtung Süden unterwegs. Wer im Geist wandelt, erfüllt die Begierde des Fleisches nicht. So wie sich Norden und Süden als gleichzeitige Marschrichtung ausschließen, so kann ein Mensch auch nicht im Geist wandeln und gleichzeitig das tun, was das Fleisch gerne möchte. Eigentlich ist es ganz einfach! Wenn da nur nicht das schwache Fleisch wäre.

Viele Vorbilder

Hebräer 12,1-2
Deshalb laßt nun auch uns, da wir eine so große Wolke von Zeugen um uns haben, jede Bürde und die [uns so] leicht umstrickende Sünde ablegen und mit Ausdauer laufen den vor uns liegenden Wettlauf, indem wir hinschauen auf Jesus, den Anfänger und Vollender des Glaubens, der um der vor ihm liegenden Freude willen die Schande nicht achtete und das Kreuz erduldete und sich gesetzt hat zur Rechten des Thrones Gottes.

Wer in einem Wettlauf erfolgreich sein will, legt alles ab, was ihn nur irgendwie behindern kann. Bei den sportlichen Wettkämpfen in unserer Zeit geht es ja um Hundertstel-, manchmal sogar um Tausendstelsekunden. Schwimmer rasieren sich jedes Haar weg, um dem Wasser möglichst wenig Widerstand zu bieten und somit einen Hauch an Geschwindigkeit zu gewinnen.

Wie stellen wir uns auf unseren Wettkampf ein? Was unternehmen wir, um im Kampf des Glaubens siegreich zu sein, und - wenn es irgend geht - auch siegreich zu bleiben?

Zu jedem Wettkampf gehört Training. Bevor die olympischen Spiele beginnen, haben alle Teilnehmer hart und viel trainiert. Sie bereiten sich körperlich und mental vor. Nichts darf ablenken. Der Fokus ist ganz klar auf den Wettkampf ausgerichtet.

Die Bibel spricht von einer möglichen Ablenkung. Sie beschreibt diese Ablenkung als „leicht umstrickende Sünde". Ich versuche, diese Umstrickung, die scheinbar ganz leicht entstehen kann, etwas zu verdeutlichen.

Jeder von uns kennt das klassische Nähgarn, mit dem zum Beispiel ein Knopf wieder an ein Hemd angenäht werden kann. Einen solchen Faden kann ich relativ einfach zerreißen. Wenn ich den Faden doppelt nehme, merke ich das kaum und zerreiße auch die doppelte Schnur ohne große Kraftanstrengung. Nehme ich das Garn dann drei-, fünf- oder gar zehnfach, dann merke ich, dass es immer schwerer wird, es zu zerreißen.

Ähnlich verhält es sich mit der leicht umstrickenden Sünde in unserem Leben. Wir merken es fast gar nicht, wenn wir in einem Lebensbereich einen Kompromiss machen. Je häufiger und in je mehr Bereichen wir es tun, desto größer wird die Behinderung für unser geistliches Leben. Plötzlich sind wir verstrickt und kommen womöglich zu Fall. Aber es fängt an mit einem kleinen Kompromiss. Genau davor warnt uns Gott durch sein Wort.

Vernebelte Sicht

Ich lade dich zu einem kleinen Experiment ein. Nimm doch mal ein Stück Papier, etwa so groß wie eine Postkarte und halte dieses Papier in ca. 30 cm Abstand vor deine Augen. Was siehst du jetzt?

Du wirst bei diesem Experiment feststellen, dass dieses unbedeutende Stück Papier deine Sicht einschränkt und dich nicht mehr alles klar erkennen lässt. Genauso gibt es in unserem Leben viele Möglichkeiten, dass unser geistlicher Blick eingeschränkt und vernebelt wird.

Sünde in unserem Leben, die wir dulden und im Extremfall sogar rechtfertigen, bewirkt Trennung von Gott. Die Trennung bedeutet nicht, dass du erneut erlöst werden musst. Aber da ist ein Hindernis in der Beziehung zwischen Gott und dir. Je mehr und je länger wir Sünde in unserem Leben erlauben, desto größer wird das Hindernis. Manche Christen klagen darüber, dass sie Gottes Stimme nicht mehr hören können. Es kann daran liegen, dass sie bewusst in Sünde verharren. Es ist dann wie Nebel. In ganz dichtem Nebel verlieren wir die Orientierung. Selbst Geräusche scheinen aus einer anderen Richtung zu kommen, als sie es tatsächlich tun. Im Nebel kann sich ein Mensch hoffnungslos verirren.

Ein reicher junger Mann

> *Matthäus 19,16-22*
> *Und siehe, einer trat herbei und sprach zu ihm: Lehrer, was soll ich Gutes tun, damit ich ewiges Leben habe? Er aber sprach zu ihm: Was fragst du mich über das Gute? Einer ist der Gute. Wenn du aber ins Leben hineinkommen willst, so halte die Gebote! Er spricht zu ihm: Welche? Jesus aber sprach: Diese: Du sollst nicht töten; du sollst*

nicht ehebrechen; du sollst nicht stehlen; du sollst nicht falsches Zeugnis geben; ehre den Vater und die Mutter; und: du sollst deinen Nächsten lieben wie dich selbst! Der junge Mann spricht zu ihm: Alles dies habe ich befolgt. Was fehlt mir noch? Jesus sprach zu ihm: Wenn du vollkommen sein willst, so geh hin, verkaufe deine Habe und gib [den Erlös] den Armen! Und du wirst einen Schatz im Himmel haben. Und komm, folge mir nach! Als aber der junge Mann das Wort hörte, ging er betrübt weg, denn er hatte viele Güter.

Zwischen dem jungen Mann und der Nachfolge Jesu stand nur eine einzige Sache. Die Bibel lässt an dieser Stelle offen, was später aus diesem jungen Mann geworden ist. Vielleicht ist er tatsächlich als Reicher gestorben, ohne in die Beziehung zu Gott gekommen zu sein.

Es ist genauso gut möglich, dass er sich von der Sicherheit seines Reichtums trennen konnte. Vielleicht war er unter den dreitausend Menschen, die sich am Pfingsttag zu Jesus hingewendet haben. Möglicherweise war er einer von denen, die alle Besitztümer verkauft haben, um sie der ersten Gemeinde in Jerusalem zur Verfügung zu stellen. Da Jesus in Bezug auf Reiche selber gesagt hat, dass bei Gott nichts unmöglich ist, glaube ich daran, dass sich dieser reiche Jüngling bekehrt haben könnte.

Götzendienst

Alles, woran ich mein Herz hänge, worauf ich vertraue, was mir Sicherheit gibt, Erfüllung verspricht, meinen Mangel stillen soll, außer Gott, ist Götzendienst. Martin Luther sagte einmal: *„Gott ist der, der dir etwas ist, so dass alles andere dir nichts ist.“*

Hesekiel 14,3
Menschensohn, diese Männer haben ihre Götzen in ihrem Herzen auf-

kommen lassen und den Anstoß zu ihrer Schuld vor ihr Gesicht gestellt. Sollte ich mich da etwa von ihnen befragen lassen?

Exodous 20,3
Du sollst keine andern Götter haben neben mir.

Johannes 10,10
Der Dieb kommt nur, um zu stehlen und zu schlachten und zu verderben. Ich bin gekommen, damit sie Leben haben und es im Überfluss haben.

Jesus ist gekommen, damit wir ein Leben im Überfluss haben; ein lebenswertes Leben haben. Der Überfluss, der Wert des Lebens liegt in ihm und in seiner Person. Der Vers lautet nicht: *„Ich bin gekommen, um euch ganz viele Dinge zu geben, damit sich euer Leben lebenswert anfühlt."*

Die Lebensqualität liegt in einer Person

Wir meinen oft, dass unser Leben lebenswert ist, wenn gewisse materielle Umstände erfüllt sind. Dazu gehören Statussymbole, ein regelmäßiges Einkommen in der richtigen Höhe, mindestens zweimal im Jahr Urlaub, Ansehen bei anderen Menschen und natürlich der richtige Lebenspartner.

Unsere Lebensqualität liegt in der Person Jesus Christus.

Tatsache ist, dass alle zuvor genannten Dinge zwar unser Leben bereichern können, aber es nicht zwangsläufig lebenswert machen. Ich habe bereits selber von Menschen gehört, die materiell alles hatten, was man sich nur wünschen kann, und trotzdem jeden Tag mit einer inneren Leere leben. Dieses Vakuum treibt sie immer weiter auf ihrer Suche nach Erfüllung. Manch unerfüllter Mensch beendet dieses Vakuum, indem er sich sein eigenes Leben nimmt.

Nicht Dinge machen unser Leben lebenswert, sondern eine Person. Ja, diese Person Jesus Christus beschenkt uns auch mit materiellen Dingen, aber das ist ein Bonus obendrauf. Noch einmal: die Lebensqualität, von der Jesus spricht, liegt in seiner Person, nicht in den Gaben, die er auch geben kann.

Wer besitzt wen?

Menschen neigen dazu, sich über das zu definieren, was sie besitzen. Ihr Selbstwert bemisst sich darin, welchen Luxus sie sich gönnen können, in welchen gesellschaftlichen Kreisen sie verkehren. Akademische Titel gehören genauso dazu wie der angesehene Personenkreis, in dem man verkehrt und wen man nicht alles kennt.

Christen neigen dazu, die Liebe Gottes an den Dingen zu messen, die er ihnen (nicht) gibt. Wenn Gott dir viele Dinge schenkt, dann fühlst du dich geliebt und gesegnet. Bleibt der Segen aus, in der Form, in der wir ihn erwartet haben, sind wir enttäuscht von Gott oder wir fragen uns, was wir wohl falsch gemacht haben, dass wir gerade nicht so gesegnet sind. Oftmals wird die Liebe und der Segen Gottes auf materielle Dinge reduziert. Dabei kann und will Gott doch so viel mehr geben.

Im Laufe der Jahre haben wir leider den Unterschied zwischen „Bedürfnis“ und „hätte ich auch gerne“ verlernt. Ich bin davon überzeugt, dass Gott uns so viele Dinge gönnt, auch weit über unsere Bedürfnisse hinaus. Er möchte uns in allen Lebensbereichen segnen und er tut es auch. Ich glaube, dass ein Dach über dem Kopf, gesunde Kinder, eine heile Ehe genauso Segen Gottes sind wie eine Gemeinde, in der wir uns wohlfühlen oder der materielle Segen.

Auch wenn wir es manchmal nicht glauben wollen, weiß Gott es in der einen oder anderen Situation besser als wir, was uns gerade gut tut. Erst recht, wenn unser Vater im Himmel sieht, wie uns Dinge von ihm trennen können. Auch dann nimmt er sie uns nicht einfach weg, sondern wirbt immer wieder um unser Herz. Das Problem ist nicht, Dinge zu besitzen. Wenn wir nicht aufpassen, dann besitzen die Dinge uns.

Immer wieder darfst du dir diese Frage stellen und sie auch beantworten: *„Würde sich deine Beziehung zu Jesus ändern, würde er dir nichts weiter als wirklich nur das tägliche Brot geben?"*

Richtige Prioritäten

Aus Gottes Perspektive sollte es eigentlich so sein: Wir beten Gott an, lieben Menschen und benutzen Dinge. Das wäre die richtige Ausrichtung. Ganz leicht kommen wir aber dahin, dass wir Dinge anbeten, Gott lieben und Menschen benutzen. Das ist eine Perversion der Ordnung Gottes, die uns keinen Segen bringen wird.

An dieser Stelle ein kurzer Gedanke. Alles, was Gott uns gibt, was er von uns erwartet, wie auch alle seine Gebote an uns, entspringen aus seiner Liebe zu uns. Er hat niemals im Sinn, uns auf irgendwelche Art zu schaden. Ja, das Thema „Hingabe" fordert uns heraus. Es scheint, als würde Gott nur fordern. Aber ich habe eine ganz wichtige und gute Nachricht für dich. Jesus selbst sagt folgendes:

> *Markus 8,34-35*
> *Und als er die Volksmenge samt seinen Jüngern herzugerufen hatte, sprach er zu ihnen: Wenn jemand mir nachkommen will, verleugne er sich selbst und nehme sein Kreuz auf und folge mir nach! Denn wer sein Leben retten will, wird es verlieren; wer aber sein Leben verliert um meinetwillen und um des Evangeliums willen, wird es retten.*

Unser Fleisch will uns einreden, dass wir durch Hingabe alles verlieren. Die Wahrheit Gottes ist, dass wir durch Hingabe alles gewinnen. Auf wen hörst du?

Gott in mir muss zunehmen

In einem Kapitel weiter vorne in diesem Buch habe ich schon ein Gebet empfohlen, welches sich lohnt, es täglich zu beten. Wir lernen dieses Gebet von Johannes dem Täufer. *„Gott in mir muss zunehmen, ich aber muss abnehmen“.*

So oft singen wir in Liedern "Herr, ich möchte mehr von dir". Ich weiss auch, was wir damit meinen. Aber mehr von Gott geht nicht in dem Sinne, als dass er dir noch irgendetwas geben könnte. Seit deiner Wiedergeburt lebt Gott durch seinen Heiligen Geist in dir. Du bist versiegelt mit dem Heiligen Geist und (hoffentlich) auch getauft im Heiligen Geist. Mehr Gott in deinem Leben geht nicht.

Die Frage, die du dir stellen musst, lautet: *„Wie viel Raum gebe ich Gott in meinem Leben?“* Mir erscheint es manchmal, als würde Gott aus dem Himmel mit Gesang antworten und dir zusingen *„Gib mir mehr von dir!“* Vielleicht hast du diese Frage auch schon einmal gehört?

Es liegt allein in deiner Hand, wie viel Raum Gott in deinem Leben hat, also, wie viel von Gott in deinem Leben ist. Es ist an dir, dich Gott hinzugeben. Er hat dir bereits alles gegeben, was zum Leben und zur Gottseligkeit ausreicht. Jetzt wartet er darauf, dass du dich hingibst.

Unsere Haltung

> *Römer 12,1*
> *Ich ermahne euch nun, Brüder, durch die Erbarmungen Gottes, eure Leiber darzustellen als ein lebendiges, heiliges, Gott wohlgefälliges Opfer, was euer vernünftiger Gottesdienst ist.*

Vielen von uns ist dieser Text von Paulus aus seinem Brief an die Gemeinde in Rom bekannt. Altes und Neues Testament kommen an dieser Stelle zusammen. Opfer sind im Alten Testament nichts Ungewöhnliches. Ständig wurde geopfert.

Im Neuen Testament gibt es ein vollkommenes Opfer für unsere Sünden, das ist Jesus Christus. Er ist einmal gestorben. Jetzt muss nie wieder irgend ein Opfer für Sünden gebracht werden.

Gleichzeitig fordert dieser neue Bund etwas von uns, nämlich unser ganzes Leben. Es geht nicht darum, dass wir uns für Gott umbringen lassen. Auf keinen Fall. Deshalb spricht Paulus ja von einem lebendigen Opfer. Gott möchte, dass wir Leben haben in jeglicher Hinsicht. Wir sollen uns Gott zur Verfügung stellen. Wir gehören ihm, weil er uns erkauft hat.

Diese Hingabe beschreibt Paulus als *vernünftigen Gottesdienst.* Wer sich sonntags schon einmal gefragt hat, wie denn ein guter Gottesdienst sein sollte, der findet in diesem Vers die Antwort. Der vernünftige oder sinnvolle Gottesdienst geschieht dann, wenn wir uns Gott ganz hingeben, ohne Vorbehalte, ohne etwas zurückzuhalten.

Aber Paulus geht noch weiter.

> *Philipper 3,7-8*
> *Aber was auch immer mir Gewinn war, das habe ich um Christi willen für Verlust gehalten; ja wirklich, ich halte auch alles für Verlust um der unübertrefflichen Größe der Erkenntnis Christi Jesu, meines Herrn, willen, um dessentwillen ich alles eingebüßt habe und es für Dreck halte, damit ich Christus gewinne.*

Es geht nur um Jesus. Es geht nur um seine Sache, um sein Reich und seine Pläne. Wir dürfen lernen und erkennen, dass es Wichtigeres gibt als uns. Ja, Gott hat uns geschaffen in seinem Ebenbild. Wir sind wunderbar gemacht. Trotzdem bleibt Gott Gott und wir bleiben sein Geschöpf. Es geht nur um ihn. So gibt es für uns nichts Besseres, als Christus immer mehr zu erkennen, ihm immer ähnlicher zu werden und seinen Auftrag auszuführen. Wenn ich einmal vor seinem Thron stehe, dann möchte ich gerne von ihm hören:

> *Matthäus 25,21*
> *Recht so, du guter und treuer Knecht!*

Völlige Hingabe

Wann hast du das letzte Mal in dieser Form gebetet, wie Paulus es getan hat, zu Gott gerufen, geschrien, dich vielleicht hingekniet oder auf den Boden geworfen, weil es dir so wichtig war, dass Gott wirklich der Herr in deinem Leben ist? Heute ist ein guter Tag, genau das zu tun!

"Ja, aber so benimmt man sich doch nicht." - "Was sollen die Leute denken?" - "Gott sieht doch in mein Herz." - "Das ist doch kein würdiges Verhalten." Wie hat ein bekannter Evangelist einmal gesagt: *„Würde ist keine Frucht des Heiligen Geistes."* So, wie ich Menschen beobachte, ist „Würde" meistens eine Ausrede.

Hingabe geht an die Substanz

> *Galater 2,20*
> *[...] und nicht mehr lebe ich, sondern Christus lebt in mir; was ich aber jetzt im Fleisch lebe, lebe ich im Glauben, und zwar im Glauben an den Sohn Gottes, der mich geliebt und sich selbst für mich hingegeben hat.*

> *Matthäus 16,24-25*
> *Dann sprach Jesus zu seinen Jüngern: Wenn jemand mir nachkommen will, verleugne er sich selbst und nehme sein Kreuz auf und folge mir nach! Denn wer sein Leben retten will, wird es verlieren; wer aber sein Leben verliert um meinetwillen, wird es finden.*

1. Korinther 15,31

Täglich sterbe ich, so wahr ihr mein Ruhm seid, Brüder, den ich in Christus Jesus, unserem Herrn, habe.

Du magst jetzt fragen, ob das nicht zu hart ist oder zu eng oder zu unattraktiv. Ja, aus menschlicher, fleischlicher, weltlicher Sicht ist das nicht attraktiv. Wir brauchen eine Offenbarung vom Himmel her, dass es nichts Wertvolleres gibt, als für Christus zu leben.

Mit diesen Zeilen möchte ich dich zur Hingabe herausfordern. Du weißt ganz genau, in welchen Bereichen Gott noch nicht wirklich der Herr deines Lebens ist. Du weißt genau, auf welche Punkte er seinen Finger legt und dich fragt, ob du diesen Plan, diese Idee, diese Lebensweise nicht ihm geben möchtest.

Dieses ist ein heiliger Moment. Jesus sucht Menschen, die nicht in der Theorie Hingabe leben wollen, sondern in der Praxis.

Gib mir 100 Männer, die nichts mehr lieben als Gott und nichts hassen außer der Sünde, und ich werde die Welt verändern (John Wesley).

Während du diese Zeilen liest, darfst du Gott eine Antwort geben. Gehe nicht leichtfertig über die Anfrage Gottes an dich zur Hingabe hinweg. Fang doch gerade jetzt an, mit deinem Herrn zu reden. Vielleicht möchtest du dich auch hinknien. Leg das Buch jetzt für einen Moment an die Seite. Wenn dir danach ist, darfst du vor Gott weinen, zu ihm rufen und ihm die Bereiche bekennen, in denen du bisher noch keine Hingabe lebst.

Gott sucht Menschen, die ihr Leben als lebendige Opfer auf seinen Altar legen.

Mögliches Gebet

Herr Jesus, ich danke dir, dass du alles für mich gegeben hast. Du bist Mensch geworden und bist am Kreuz gestorben, damit ich leben kann. So sehr hast du mich geliebt. Ich liebe dich so sehr, dass ich gerne für dich leben möchte. Ich gebe dir jetzt ganz neu mein ganzes Leben. Regiere du in jedem Bereich meines Lebens. Amen.

---

[1] Als Kunstkäse, Analogkäse, Käseersatz oder Käseimitat bezeichnet man Imitate von Käse, die nicht oder nur zu einem Anteil aus Milch oder Milchprodukten hergestellt werden. Dabei wird das Milchfett durch andere tierische oder pflanzliche Fette ersetzt, zum Teil auch das Milcheiweiß durch solches anderer Herkunft. (Quelle: http://de.wikipedia.org/wiki/Analogkäse)

[2] L'Aile ou la cuisse by Claude Zidi (1976)

[3] Philipper 1,27

[4] vgl. Jesaja 53,11

[5] vgl. Galater 2,20

Verlieren, um zu gewinnen

> *Matthäus 16,24-25*
> *Wenn jemand mir nachkommen will, verleugne er sich selbst und nehme sein Kreuz auf und folge mir nach! Denn wer sein Leben retten will, wird es verlieren; wer aber sein Leben verliert um meinetwillen, wird es finden.*

Nachdem wir uns im letzten Kapitel mit der Thematik von „Hingabe“ etwas allgemeiner beschäftigt haben, möchte ich diesem Bibeltext aus dem Evangelium von Matthäus noch etwas mehr Aufmerksamkeit widmen. Vielleicht ist dieser Abschnitt einer derjenigen, die man entweder liebt oder hassen muss. Viel wurde schon darüber gepredigt. Bei vielen Lesern der Bibel oder Zuhörern einer Predigt über diesen Text bleibt ein fader Beigeschmack hängen: *„Ich wusste doch, dass es keine Freude macht, Christ zu sein und Jesus nachzufolgen!“*

Ich erinnere mich daran, als ich Jugendlicher war und zu den Jugendabenden in der Gemeinde ging. Eine Lebensphase, in der ich angefangen habe, mich zu fragen, wofür ich lebe, was ich aus meinem Leben machen will usw. Fragen nach Sinn und Ziel, die sich ziemlich viele Menschen in diesem Alter stellen. Irgendwann kam auch an einem Jugendabend dieses Thema an die Reihe: *„Nimm dein Kreuz auf dich, verleugne dich, verliere dein Leben und folge Jesus nach.“* Ich war nicht wirklich begeistert. Ich habe nicht verstanden, was das bedeutet. Noch schlimmer, ich habe auch die anderen nicht verstanden, die bei diesen Anforderungen in fröhliches *„Halleluja“* ausgebrochen sind.

Inzwischen sind etwa 20 Jahre vergangen. Über die Jahre durfte ich von Gott lernen, dass diese Aufforderung von Jesus, wenn ich gehorsam bin, in freudige und befreite Nachfolge führt, ja, sie erst überhaupt ermöglicht. Gerne möchte ich dich, lieber Leser, liebe Leserin, in einige Gedanken mit hinein nehmen. Wir wollen uns anschauen, was Jesus meinte und wie die Anwendung in unserem Leben aussehen kann.

Diese herausfordernde Aussage folgt direkt, nachdem Jesus von Petrus getadelt wurde und er Petrus sagen musste:

> *Matthäus 16,23*
> *Geh hinter mich, Satan! Du bist mir ein Ärgernis, denn du sinnst nicht auf das, was Gottes, sondern auf das, was der Menschen ist.*

Somit müssen auch die nachfolgenden Verse hiermit im Zusammenhang gesehen werden. Der Tadel *„... du sinnst nicht auf das, was Gottes ist, sondern auf das, was der Menschen ist"* macht ganz deutlich, worum es geht: um die richtige Gesinnung. Dieser Gedanke führt uns weiter zu Paulus:

> *Kolosser 3,1-2*
> *Wenn ihr nun mit dem Christus auferweckt worden seid, so sucht, was droben ist, wo der Christus ist, sitzend zur Rechten Gottes! Sinnt auf das, was droben ist, nicht auf das, was auf der Erde ist.*

Es geht um die richtige Perspektive. Es geht um den richtigen Blickwinkel. Wer Christus nachfolgen will, der muss sein Leben so leben, wie es Jesus durch sein Wort und seinen Geist zeigt und leitet.

Sich selbst verleugnen

Wie sieht Selbstverleugnung aus? Wenn ich Jesus nachfolgen will, muss ich dann alle persönlichen Bedürfnisse verleugnen, als gäbe es sie nicht? Ich habe doch auch an vielen Dingen meine Freude. Meine Familie hat Erwartungen an mich. Ach ja, mein Arbeitgeber und meine Gemeinde sehen es auch gerne, wenn ich engagiert bei der Sache bin. Es gibt so viele Anforderungen in meinem Alltag, so viele Herausforderungen, die bewältigt werden müssen.

Selbstverleugnung lässt sich vielleicht auch mit einem Satz aus dem Vaterunser beschreiben: *„Dein Wille geschehe, wie im Himmel, so auch auf Erden."* Man könnte es auch konkreter beten: *„... wie im Himmel, so auch in meinem Leben."*

Ja, wir sind Menschen mit Bedürfnissen. Gott hat uns in ein bestimmtes Umfeld gestellt, in dem wir leben. Dazu gehören unsere Familie, unsere Nachbarn, unser Arbeitsplatz usw. Aber Gott platziert uns immer mit einem Zweck, mit einer Absicht. In dieser Absicht geht es immer darum, dass Gottes Wille geschieht, er Ehre bekommt und Menschen zu ihrem persönlichen Erlöser Jesus Christus finden.

Aber Jesus hat uns zugesichert, dass er sich um alle unsere Bedürfnisse kümmert. Er weiß sogar, wessen wir bedürfen, bevor wir es in einem Gebet formulieren.[1] Wenn wir in der Nachfolge Jesu zuerst nach dem Reich Gottes trachten, dann wird er uns alles geben, was wir brauchen, so sagt Jesus es selber:

> *Matthäus 6,33*
> *Trachtet aber zuerst nach dem Reich Gottes und nach seiner Gerechtigkeit! Und dies alles wird euch hinzugefügt werden.*

Sein Kreuz auf sich nehmen

Eine ganz wichtige Sache, die es hier zu verstehen gilt, ist die Aussage, dass derjenige, der Jesus nachfolgen will, sein eigenes Kreuz auf sich nehmen muss. Du als Nachfolger Jesu musst nicht das Kreuz tragen, welches Jesus getragen hat. Seine Mission, sein Auftrag war einmalig. Niemand soll und niemand könnte auf diese Weise in seine Fußstapfen treten.

Sein Kreuz auf sich zu nehmen, ist erst einmal eine Aufforderung zur Hingabe, nicht unbedingt ein Aufruf, als Märtyrer zu sterben. Obwohl die Möglichkeit der Verfolgung und des Leidens für Jesus ebenfalls immer besteht. In unseren westlichen Ländern genießen wir in Theorie und Praxis große Religionsfreiheit. In vielen anderen Ländern sieht es ganz anders aus.

Der Aspekt der Hingabe wird bei Lukas noch etwas deutlicher:

> *Lukas 9,23*
> *Er sprach aber zu allen: Wenn jemand mir nachkommen will, verleugne er sich selbst und nehme sein Kreuz auf* täglich *und folge mir nach!*

Das kleine Wort „täglich“ macht deutlich, dass Nachfolge eine tägliche Entscheidung ist. An vielen Tagen sogar eine Entscheidung, die wir mehrmals täglich treffen müssen.

WWJD

Vor etwa 15 bis 20 Jahren gab es eine Bewegung hauptsächlich unter amerikanischen Christen, die sich mit vier Buchstaben beschreiben ließ: WWJD. Diese Buchstaben stehen für *„What would Jesus do?“* (Was würde Jesus tun?).

Nachfolge, Hingabe und auch das tägliche Kreuz lassen sich unter dieser Frage zusammenfassen. Was würde Jesus [jetzt in dieser Situation] tun? Klar, wir haben niemals die 100%ige Garantie, dass unsere Ideen dann wirklich dem Handeln Jesu entsprechen. Doch je mehr wir mit ihm leben, sein Wort kennen und von seinem Geist geleitet sind, desto mehr wird unser Denken und Handeln unserem Herrn immer ähnlicher werden.

Fazit

In einem Kommentar zur Bibel habe ich eine Aussage gefunden, die sich hervorragend als Fazit eignet. So möchte ich am Ende dieses Kapitels eben jenen bekannten Kommentator zu Wort kommen lassen.

Matthew Henry schreibt:

> *Ein wahrer Jünger Christi folgt ihm nach in Gehorsam und soll ihm auch folgen in Herrlichkeit. Er ist jemand, der auf die gleiche Art lebt,*

wie Christus lebte, geführt von seinem Geist, und folgt seinen Spuren, wo auch immer er hin geht.[2]

[1] Matthäus 6,8

[2] Matthew Henry's Concise Commentary, Eintrag zu Matthäus 16,24 (Übersetzung durch den Autor dieses Buches)

Lebst du mit oder für Jesus?

Wer ein Leben als Christ begonnen hat, muss sich früher oder später einer weiteren Frage stellen: „Will ich mit Jesus oder für ihn leben?“ Nun mag der Unterschied auf den ersten Blick nicht so gravierend sein. Ich meine, dass es bei näherem Hinsehen durchaus große Unterschiede gibt.

Wir haben bereits den Bibeltext angeschaut, in dem Jesus dazu auffordert, das eigene Leben um Jesu Willen zu verlieren, um das Leben zu gewinnen. Denn jeder, der sein eigenes Leben gewinnen will, der wird es verlieren. Ganz klar ist, dass Jesus hier nicht von religiös motiviertem Selbstmord spricht. Gott ist lebensbejahend. Er ist der Ursprung allen Lebens. Entsprechend sind Christen Menschen, die Leben bejahen und entsprechend leben.

Jesus muss also etwas anderes meinen, wenn er dazu auffordert, um seinetwillen das eigene Leben zu verlieren. Es geht um die Frage: „Wofür lebst du?“ Über diese Frage musst du dir klar werden. Erst wenn du sie für dich beantworten kannst, wirst du dich auch mit ganzem Herzen auf Hingabe, Heiligung und das Feuer Gottes einlassen können.

Lebst du *mit* oder *für* Jesus?

Mit Jesus zu leben bedeutet, dass er ein Teil deines Lebens ist, so wie deine Familie, deine Arbeit, dein neues Auto oder dein schöner Garten. Du bist erlöst, kommst in den Himmel und wahrscheinlich lebst du ein vorbildliches Leben in Hinsicht auf Ethik und Moral. Genieße diese Art von Leben, aber bitte beklage dich nicht, wenn du irgendwann entdeckst, dass du evtl. etwas verpasst haben könntest.

Du musst einfach wissen, dass ein gutes Leben nach wirtschaftlichen, gesellschaftlichen oder weltlichen Maßstäben nicht gleich zu setzen ist mit einem erfüllten Leben. Zu viele Menschen, die scheinbar alles haben, klagen über innere Leere.

Die andere Möglichkeit ist es, **für Jesus zu leben**. Dazu gehört ebenfalls deine Familie, deine Arbeit, dein Auto und dein Garten. Aber die Perspektive ist eine andere. Die Grundausrichtung, was das Ziel deines Lebens angeht, ist eine grundverschiedene.

Ich möchte zum besseren Verständnis eine kleine Gegenüberstellung machen.

Wer mit Jesus lebt, bezieht ihn bei Bedarf mit ein; wer für Jesus lebt, fragt, was sein Wille ist. Mit Jesus zu leben bedeutet, dass er Teil deines Lebens ist. Lebst du für ihn, dann ist er das Zentrum deines Lebens. Wer mit Jesus lebt, der lebt immer noch sein eigenes Leben. Wer für Jesus lebt, der kann mit Paulus sagen: *„Nicht länger lebe ich, sondern Christus lebt in mir.“*[1] Ein Mensch, der mit Jesus lebt, der weiß Dinge über ihn. Wer jedoch für ihn lebt, der kennt ihn. Mit Jesus zu leben bedeutet, Begegnungen mit ihm zu haben. Für ihn zu leben bedeutet hingegen, in seiner Gegenwart zu leben.

Dem einen oder anderen mag diese Differenzierung wie Haarspalterei erscheinen. Ich glaube, dass es wichtige Unterschiede sind. Weil wir es schwer haben, den Punkt der Hingabe in seinem Wert zu verstehen, ist mir dieses Thema so wichtig.

Jesus ist nicht in diese Welt gekommen, damit du erlöst bist und als eine Art Mensch besserer Klasse ein schönes Leben haben kannst.

Erlösung bedeutet, dass du durch die Bezahlung eines Preises erkauft wurdest. Rein kaufmännisch bedeutet das, dass du das Eigentum dessen bist, der den Kaufpreis bezahlt hat.

1.Petrus 1,18-19
Denn ihr wißt, daß ihr nicht mit vergänglichen Dingen, mit Silber oder Gold, erlöst worden seid von eurem eitlen, von den Vätern überlieferten Wandel, sondern mit dem kostbaren Blut Christi als eines Lammes ohne Fehler und ohne Flecken.

Du gehörst Jesus Christus. Er hat den Preis bezahlt. Er hat dich freigekauft aus der Macht und Sklaverei der Sünde. Du bist sein Eigentum.

Als du noch Sünder warst, musstest du tun, was dir der Sklaventreiber namens Sünde befohlen hat. Weil du an sie versklavt warst, hast du es auch ohne darüber nachzudenken gemacht. Lügen, Diebstahl, Klatsch und Tratsch, Ehebruch, Zank, Streit, Zorn, Bitterkeit, Alkoholsucht usw. Kein Sünder beschwert sich darüber, dass er tun muss, was ihm die Sünde sagt.

Nun wissen wir, dass mit dem Moment unserer Hinwendung zu Jesus Christus das alte Leben beendet wurde und etwas Neues angefangen hat. In Christus sind wir nicht nur eine neue Schöpfung, sondern wir haben in ihm auch einen neuen Herrn. Dieser Herr Jesus ist kein Sklaventreiber. Er zwingt dich nicht, er manipuliert nicht deinen Willen und er vergewaltigt dich auch nicht. Gott respektiert deinen freien Willen, immer.

Jesus beschreibt sich selbst als den guten Hirten und vergleicht seine Jünger, seine Nachfolger mit Schafen. Ein Schafhirte geht der Herde immer voran und die Schafe folgen ihm. Wenn sich mal ein Schaf verirrt, dann lässt er die Herde zurück und sucht das eine verlorene Schaf. Im Gegensatz zu Schafhirten gibt es auch Schweinehirten. Sie gehen hinter der Herde her und treiben sie. Unser Herr Jesus ist der gute Hirte, dem wir einfach nachfolgen können, weil er uns auf dem richtigen Weg führen wird. Ihm kannst du blind vertrauen.

Kann man gut **mit Jesus** leben? - Ja, das kann man.

Ist es leicht, **für Jesus** zu leben? - Nein, denn es kostet dich alles.

So, wie Abraham bereit war, auf das Wort Gottes hin seinen einzigen Sohn zu opfern, musst auch du bereit sein, auf das Reden Jesu hin, alles für ihn zu verlassen und aufzugeben. Oft habe ich erlebt, dass es ein Test für mich war, wenn Jesus meine Bereitschaft abgefragt hat, für ihn etwas aufzugeben. Manchmal habe ich es von ihm zurück bekommen wie Abraham seinen Isaak, andere Male habe ich in anderer Form größeren Segen von Gott zurück erhalten.

Für Jesus zu leben bedeutet ganz und gar nicht, weltfremd zu sein oder nur noch auf rosa Wolken zu schweben. Als Christen sind wir berufen, in dieser Welt zu leben. Unser Auftrag ist, Licht und Salz zu sein und den Menschen die gute Nachricht von Jesus Christus zu sagen. Das ist der Auftrag jedes einzelnen Christen und jeder Ortsgemeinde. Christus muss gepredigt werden. Dazu muss jeder Christ mit beiden Beinen im Leben stehen.

Fazit

Ich möchte dich herausfordern: *„Reflektiere doch einmal vor Gott, wofür du lebst."* Was ist das Ziel deines Lebens? Ist dieses Ziel aus der Ewigkeitsperspektive tatsächlich so erstrebenswert? Stelle dir diese Fragen betend vor Gott. Und wenn er dich darauf hinweist, dann nimm eine Kurskorrektur vor. Diese Welt braucht Christen, die für Jesus leben, ganz und gar.

Mögliches Gebet

Herr Jesus, ich möchte nicht länger nur mit dir leben. Ich möchte für dich leben. Noch kann ich gar nicht abschätzen, was das bedeutet, aber ich weiß, dass ich in deiner Hand gut aufgehoben bin. Dein Wille für mein Leben ist gut. Deshalb möchte ich mich dir jetzt ganz [neu] hingeben. Ich will für dich leben! Amen.

---

[1] vgl. Galater 2,20

Du kannst nicht geben, was du nicht hast

Bisher

Wir haben uns mit Erweckung beschäftigt. Wir haben die Bibel studiert, was den Heiligen Geist angeht, was es mit Hingabe auf sich hat und wir haben für uns den Begriff *„Erweckung"* definiert. Langsam nähern wird uns der Zielgeraden dieses Buches. Es geht jetzt richtig los. Das Beste kommt ja bekanntlich erst zum Schluss.

Einleitung

In diesem Kapitel geht es um eine ganz simple Tatsache. So einfach, dass wir sie gerne mal übersehen. Gott segnet uns ja nicht, damit wir gesegnet sind und niemand sonst etwas davon abbekommt. Gott segnet uns immer, damit wir ein Segen für andere Menschen sein können. Er gibt uns, damit wir wieder geben können. Er beschenkt uns, damit wir beschenken können.

Es ist eine Banalität, aber es ist entscheidend zu verstehen, dass wir nur etwas weiter geben können, wenn wir auch etwas haben. *„Das ist doch nichts Neues",* werden einige jetzt wahrscheinlich denken. Stimmt. Aber oft übersehen wir diesen Punkt. Ich möchte das illustrieren.

Haste mal ne Mark?

Wahrscheinlich kennen wir alle diese Situation. Du bist in der Stadt unterwegs, ein bisschen bummeln und einkaufen. Irgendwo in der Fußgängerzone wirst du angesprochen *„Haste mal 'nen Euro?"* Du überlegst, ob du einen Euro hast, ob du den übrig hast, und ob du diesen Euro einer Person geben möchtest, die mit hoher Wahrscheinlichkeit Alkohol davon kaufen wird.

Tatsache ist, du kannst einen Euro nur weggeben, wenn du auch einen hast. Ohne Euro kannst du dem Bettler nicht helfen. Anders gesagt, du kannst nur das geben, was du auch in deinem Portemonnaie hast. Bevor du jetzt gelangweilt bist, lies noch ein paar Sätze weiter. Der wichtige Punkt kommt gleich.

In allen anderen Lebensbereichen ist es ebenfalls so. Wir können nur das weiter geben, was wir selber haben: Liebe, Freude, Geld, herzliche Annahme, Geduld mit anderen Menschen usw. Diese Aussage ist ganz banal, aber sie ist so wahr. Nur das, was wir selber haben, können wir auch weiter geben! Das gilt auch im geistlichen Bereich.

Ich konstruiere schnell ein Beispiel. Ein Christ, der nicht geübt darin ist zu beten, wird Mühe haben, Worte zu finden, wenn er zu einem Anlass oder für eine Person beten soll. Ein anderer Christ, der kaum in seiner Bibel liest, hat große Mühe, einen Bibelvers zu finden, der genau in die Situation eines anderen Menschen passt und so stärken und ermutigen kann.

Die Not um uns herum

Die Not um uns herum ist vielfältig. Ein Blick in die lokale Tageszeitung reicht, um uns diese Nöte vor Augen zu führen. Klassische Familien (die Eltern sind nicht geschieden, alle Geschwister haben die gleichen Elternteile) werden immer weniger. Patchwork-Familien sind aktuell. Ehepaare, die dreißig oder mehr Jahre miteinander verheiratet sind, sind eine Schlagzeile in der Zeitung wert. Verständlich, wo doch praktisch jede zweite Ehe von Erstverheirateten geschieden wird.[1] Die Scheidungsrate bei Wiederverheirateten ist noch höher.

Ich verurteile niemanden, der geschieden ist. Oftmals führen Umstände zu einer Scheidung, die eine andere Lösung praktisch unmöglich machen. Kein Kind soll mit einem Elternteil aufwachsen, das mehr alkoholisiert als nüchtern ist. Kein Kind soll mit Schlägen, Liebesentzug oder anderen Formen von Missbrauch aufwachsen. Aus meiner pastoralen und seelsorgerlichen Arbeit weiß ich sehr wohl um die großen Herausforderungen, die alleinerziehende Mütter oder Väter haben.

Allen Menschen, die in einer Patchwork-Situation eine neue, glückliche Familie gefunden haben, wünsche ich, dass diese Umstände möglichst für den Rest des Lebens so positiv bleiben.

Andere Nöte liegen darin, dass manche Elternpaare kaum noch wissen, wie Freizeitgestaltung mit den Kindern geht, unabhängig von Playstation und Fernseher. Krankheiten, Einsamkeit oder Armut sind nur einige andere Nöte, denen wir ständig begegnen können. Mobbing, Rufmord und Burnout sind weiter verbreitet als jemals zuvor. Was können wir Christen anbieten, um einen Unterschied zu machen? Was haben wir Christen zu geben, um Menschen in diesen Notsituationen zu helfen?

Manchmal ist es angesichts dieser Nöte direkt vor unserer Haustür beschämend, über welchen Kleinkram in Kirchengemeinden geredet und diskutiert wird und wegen welcher Nebensächlichkeiten Kirchen Spaltungen erleben müssen.

Da stellt sich doch die Frage: *„Welche Perspektive haben wir eigentlich?“* Die nächste Frage, die wir uns stellen müssen, ist die Frage danach, ob und in welcher Weise wir in unserem persönlich Umfeld etwas tun können, um zu helfen. Haben wir etwas, das wir geben können? Hat Gott etwas, das er uns geben möchte, damit wir helfen können?

Silber und Gold habe ich nicht

Eine Begebenheit aus der Apostelgeschichte zeigt uns ein praktisches Beispiel.

> *Apostelgeschichte 3,1-8*
> *Petrus aber und Johannes gingen um die Stunde des Gebets, die neunte, zusammen hinauf in den Tempel. Und ein Mann, der von seiner*

Mutter Leibe an lahm war, wurde herbei getragen; man setzte ihn täglich an die Pforte des Tempels, die man die schöne nennt, damit er Almosen erbat von denen, die in den Tempel gingen. Als dieser Petrus und Johannes sah, wie sie in den Tempel eintreten wollten, bat er, dass er ein Almosen empfinge. Petrus aber mit Johannes blickte fest auf ihn hin und sprach: Sieh uns an! Er aber gab acht auf sie, in der Erwartung, etwas von ihnen zu empfangen. Petrus aber sprach: Silber und Gold besitze ich nicht; was ich aber habe, das gebe ich dir: Im Namen Jesu Christi, des Nazoräers: Geh umher! Und er ergriff ihn bei der rechten Hand und richtete ihn auf. Sofort aber wurden seine Füße und seine Knöchel stark, er sprang auf, konnte stehen und ging umher. Und er trat mit ihnen in den Tempel, ging umher und sprang und lobte Gott.

Petrus und Johannes gingen zur Stunde des Gebets in den Tempel. Für sie war das gemeinschaftliche Gebet im Tempel genauso wichtig, wie die Treffen hin und her in den Häusern. Meine Frage an dich ist: *„Wo bist du, wenn in deiner Kirche oder Gemeinde die Stunde des Gebets ist? Gehst du dann hin?"*

Wir lesen davon, dass der Lahme von Geburt an lahm war. Der Mann hatte also nie das Laufen gelernt. Er wurde jeden Tag zum Eingang des Tempels getragen, um dort um Almosen zu betteln.

Für Juden war es üblich und im Gesetz verordnet, den Armen Almosen zu geben. Auch Jesus deutete das an, als er seinen Jüngern sagte: *„Die Armen habt ihr alle Zeit bei euch."*[2] Dieser lahme Mann war Petrus und Johannes bekannt. Er war täglich dort und sie kamen regelmäßig zum Gebet. Also sind die beiden Apostel dem Lahmen schon öfter begegnet. Ich gehe auch davon aus, dass er von ihnen bereits Almosen erhalten hat, da sie gesetzestreue Juden waren.

Was ich habe, gebe ich dir

Nun kommt erst einmal der Teil, der auf den ersten Blick ganz gemein wirkt. Petrus und Johannes haben dieses Mal kein Geld dabei, das sie dem Bettler geben können. Und doch sagt Petrus: *„Sieh uns an!"* Das weckt große Erwartung und Hoffnung. Kommt jetzt etwa eine besonders große Spende? Dann wäre morgen vielleicht frei. Sozusagen ein Tag Urlaub vom Betteln. Doch dann kommt der vermeintliche Schlag ins Gesicht: *„Silber und Gold haben wir nicht."*

Ist es nicht gemein, einen Menschen, der um Geld bittet, erst um die volle Aufmerksamkeit zu bitten, um ihm dann zu sagen: *„Ich habe gar kein Geld dabei!"*? Wie würdest du dich an der Stelle dieses Lahmen fühlen? Was für unchristliche Gedanken kämen in dir hoch? So, wie ich mich kenne, wären meine Gedanken ziemlich sicher keine Segenswünsche gewesen!

Zum Glück ist die Szene ja noch nicht vorbei. Es geht noch weiter und es geht erst richtig los. Petrus erklärt dem Mann, dass er etwas anderes dabei hat, was langfristig gesehen viel hilfreicher ist als ein paar Geldmünzen. Petrus nimmt den Mann einfach an der Hand, ohne ihn um Erlaubnis zu fragen, zieht ihn hoch und gibt ihm das, was er selber empfangen hat, nämlich Kraft des Heiligen Geistes. Diese Kraft wirkt in der Art, dass der Lahme in einem Moment von seiner Krankheit gesund wird! Er erlebt ein Wunder vor den Augen aller, die gerade dort im Tempel unterwegs waren. In einem Moment werden seine Beine stark, Muskeln bauen sich auf. Von einem Moment auf den anderen kann er gehen, obwohl er es nie gelernt hat, und seiner Freude Ausdruck verleihen. Das ist viel besser als Gold oder Silber.

Gottes Wirken an und in uns ist nicht nur für einen Moment, sondern möchte in uns etwas Anhaltendes bewirken. Geldmünzen hätten dem Lahmen geholfen, einen Tag oder auch ein paar Tage zu überleben. Gesundheit hilft ihm, wieder selber für seinen Lebensunterhalt sorgen zu können. Was ist also wertvoller? Das, was der Lahme haben wollte (Geld), oder das, was Petrus und Johannes weitergegeben haben (Heilung und Gesundheit durch die Kraft des Heiligen Geistes)?

Gott möchte an uns immer etwas Bleibendes tun. So wie er es auch an dem Propheten Jesaja getan hat. Das haben wir in einem früheren Kapitel ausführlich angeschaut. Und doch ist es unsere Aufgabe, das zu bewahren, zu hegen und zu pflegen, was Gott an uns tut, damit es uns nicht ergeht wie König Saul.

Maria, die Mutter Jesu ist mir darin ein großes Vorbild. Wir lesen von ihr, dass sie alles in ihrem Herzen bewahrte[3].

Was haben wir zu geben?

Wir können nicht alle Missstände in dieser Welt beheben. Aber Gott hat uns für eine bestimmte Zeit an einen bestimmten Ort gesetzt. Es ist deine kleine Welt, die du erreichen sollst - und mit der Kraft des Heiligen Geistes auch erreichen kannst! Deine Familie, dein Arbeitsplatz, deine Nachbarschaft und die Bekannten aus deinem Tennisverein sind deine kleine Welt. Sie sind deine Aufgabe.

Wenn sich jeder von uns auf den Weg macht, um seine Welt zu erreichen, werden wir ganz schnell feststellen, dass wir gemeinsam auch die ganze Welt erreichen können, um möglichst vielen Menschen die gute Nachricht von Jesus Christus zu sagen.

Um unsere Welt zu erreichen, brauchen wir etwas, was wir den Menschen um uns herum anbieten können. Sie sollen erleben, dass der Heilige Geist in uns lebt. Es ist derselbe Heilige Geist, der auch Christus aus den Toten auferweckt hat. Er hat nichts von seiner Kraft verloren. Er tut die gleichen Zeichen und Wunder auch heute. Ich bin ganz fest davon überzeugt, dass Gott in Deutschland derselbe Gott ist, in dessen Namen in Afrika oder Südamerika eindrucksvolle Zeichen und Wunder geschehen.

Aufruf

Wäre dieses Kapitel eine Predigt in einem Gottesdienst, dann würde ich jetzt einen Altarruf machen, um mit Menschen zu beten, die neu von der Kraft Gottes berührt werden möchten, wie wir es in der Apostelgeschichte lesen können.

> *Apostelgeschichte 4,31*
> *Und als sie gebetet hatten, bewegte sich die Stätte, wo sie versammelt waren: und sie wurden alle mit dem Heiligen Geist erfüllt und redeten das Wort Gottes mit Freimütigkeit.*

Das Gebet der Jünger in Apostelgeschichte 4 ging um *„Kühnheit und Freimütigkeit"*, das Evangelium zu predigen. Auf dieses Gebet hin bebt die Erde und Gott berührt die Betenden mit seinem Heiligen Geist. - Warum? Nach der Aussage von Jesus empfangen Menschen Kraft, Zeugen Jesu zu sein, wenn der Heilige Geist auf sie kommt.[4] Betet ein Mensch also darum, weiterhin ein Zeuge Jesu sein zu können, dann antwortet Gott mit Geist und Feuer vom Himmel.

Es ist eine Lieblingsaufgabe des Heiligen Geistes, Menschen zum Zeugendienst zu befähigen, sie zu stärken und auszurüsten.

Vielleicht entdeckst du bei dir selber, dass Freude, Feuer, Kühnheit und Freimütigkeit zum Zeugendienst in deinem Leben nicht oder nicht mehr vorhanden sind. Du möchtest eigentlich etwas geben, aber du weißt genau, dass du nichts zu geben hast. Aus irgendeinem Grund bist du leer.

Du möchtest anderen Menschen von Jesus erzählen. Du kannst es aber nicht, weil du ihn selber nicht kennst. Deine Zeit, die du mit seinem Wort verbringst, ist kurz. Es ist lange her, dass du regelmäßig mit ihm geredet hast.

Vielleicht möchtest du gerne prophetisch reden. Du empfängst aber nichts und hörst nicht von Gott, weil du dir in deinem Alltag kaum Zeit nimmst, um mit der Stimme Gottes vertraut zu werden. Eigentlich gilt doch auch für dich die Aussage von Jesus: *„Meine Schafe hören meine Stimme"*.[5]

Du möchtest gegen die List und Tücke des Feindes bestehen, kannst es aber nicht, weil dir das Schwert des Geistes - sein Wort - nicht vertraut ist. Als Jesus vom Teufel in der Wüste versucht wurde, war das Wort Gottes die Waffe, mit der er allen Versuchungen des Feindes widerstehen konnte, so dass er schließlich aufgab und unseren Herrn - zumindest für eine Zeit - in Ruhe ließ.

Dein himmlischer Vater möchte, dass diese Kraft des Heiligen Geistes (wieder) in deinem Leben durchbricht und dich neu entfacht. Wenn du eher ein glimmender Docht bist, dann soll aus dir wieder ein brennendes Feuer werden! Jesus möchte dich gerne mit seinem Feuer entfachen, heißer als jemals zuvor.

Manchmal muss Gott in unserem Leben Bereiche heilen oder uns frei machen, damit wir Kraft von ihm empfangen und weiter geben können. Es gibt immer wieder Lebensabschnitte, in denen wir überfordert, schwach oder einfach krank sind. Dann kann und will Gott uns berühren und heilen. Er ist der Herr, unser Arzt.[6]

Der Geist Gottes war auf Jesus, um Gefangenen Freiheit zu verkündigen. Dieser selbe Heilige Geist Gottes ist heute immer noch in der Lage, Gefangen in Freiheit zu führen. Süchte, Zwänge und Gedankenfestungen sollen dein Leben nicht länger beherrschen. Du darfst erleben, was es heißt, in die Freiheit der Kinder Gottes zu kommen und darin zu leben.

> *Johannes 8,36*
> *Wenn nun der Sohn euch frei machen wird, so werdet ihr wirklich frei sein.*

Für die Freiheit hat Christus uns frei gemacht![7]

Gott möchte dich berühren und beschenken, damit du etwas zu geben hast. Du sollst gesegnet werden, um ein Segen zu sein. Gott gibt dir, damit du etwas weiter geben kannst.

In einem Gottesdienst würdest jetzt vielleicht auf diesen Aufruf reagieren und zum Gebet nach vorne kommen. So ist es in unseren Gottesdiensten üblich, sofern wir einen Gebetsaufruf machen. Nun sind wir ja nicht in einem Gottesdienst, sondern lesen ein Buch. Ich möchte dich einladen, dass du jetzt, wo du gerade bist, anfängst mit Gott über die Bereiche zu reden, in denen du vielleicht Hilfe, Heilung oder Befreiung brauchst. Gott hört dein Gebet. Und ich bete, dass du deine Antwort, deine Gebetserhörung bekommst!

Wenn du deine persönlichen Anliegen bei Gott im Gebet abgeladen hast, dann magst du vielleicht auch noch das nachstehende Gebet sprechen.

Mögliches Gebet

Herr Jesus, ich danke dir, dass du in diese Welt gekommen bist, um auch mich zu suchen, zu finden und zu retten. Ich möchte meine Welt für dich erreichen. Danke für die Menschen, mit denen ich täglich in Kontakt bin. Bitte erfülle mich mit deiner Kraft und Weisheit, damit ich etwas zu geben habe. Danke, dass du so gerne gibst. Amen.

---

[1] Verweis auf das statistische Bundesamt: https://www.destatis.de/DE/Startseite.html
[2] vgl. Matthäus 26,11
[3] vgl. Lukas 2,19
[4] vgl. Apostelgeschichte 1,8
[5] vgl. Johannes 10,27
[6] vgl. Exodus 15,26
[7] vgl. Galater 5,1

Erweckt bleiben

Das letzte Kapitel in diesem Buch soll helfen, einige Gedanken zusammenzufassen und vor allen Dingen mit einigen Hilfestellungen dazu beitragen, dass das Feuer Gottes in uns nicht nur ein Strohfeuer ist. Es soll lange hell und heiß in uns brennen. Es ist deine Sache, ob du dich von Gott neu entzünden und erwecken lässt. Die Herausforderung ist, wie du diese erlebte persönliche Erweckung weiter leben kannst.

Ablenkungen inklusive

Eine Aufforderung im Neuen Testament ist die regelmäßige Ermahnung, nüchtern und wachsam zu sein.[1]

Es ist so leicht, sich von der Nachfolge Jesu ablenken zu lassen. Es geht ganz schnell. Je öfter man sich ablenken lässt, desto schwerer fällt es, fokussiert und ausgerichtet zu leben. Viele Ablenkungen sind in sich nichts Schlimmes oder gar eine Sünde. Trotzdem halten sie uns von dem Eigentlichen ab.

Warum kommen Gedanken an Post, eMails und Einkaufszettel immer dann, wenn wir beten und das hören wollen, was Gott uns zu sagen hat? Der Einkaufszettel ist wichtig. Aber wie groß ist manchmal die Versuchung, deswegen unsere Gebetszeit zu unterbrechen. Dann unternehmen wir einen neuen Anlauf und konzentrieren uns neu auf das Gebet. Dann klingelt das Telefon. Jeder von uns kennt das.

Das Geheimnis liegt in einer ständigen Entscheidung: *„Den Einkaufszettel kann ich auch später schreiben.“* Oder: *„Meine eMails laufen schon nicht weg.“ „Das Telefon kann für eine gewisse Zeit auch ausgeschaltet werden.“*

Wir können es lernen und trainieren, mit diesen Ablenkungen umzugehen.

2. Korinther 10,5

[...] und nehmen jeden Gedanken gefangen unter den Gehorsam Christi [...].

Je öfter wir richtig entscheiden und uns gegen die Ablenkung wehren, desto vertrauter wird die richtige Reaktion, bis sie in Fleisch und Blut übergeht und so zu einer guten Gewohnheit wird.

Die Bibel und das Gebet nicht vernachlässigen

Matthäus 4,4

Nicht von Brot allein soll der Mensch leben, sondern von jedem Wort, das durch den Mund Gottes ausgeht.

Die Bibel, das Wort Gottes, ist geistliche Nahrung für uns. Wir finden darin den Willen Gottes für unser Leben und wir lernen unseren Gott durch sein Wort immer besser kennen.

Die Bibel ist das Schwert des Geistes, mit dem wir uns gegen die Angriffe des Teufels wehren können, so wie Jesus selbst es auch getan hat: *„Es steht geschrieben ...“*.[2] Er kannte das Wort Gottes und konnte somit den Versuchungen des Teufels widerstehen.

Paulus fordert uns ebenfalls auf, das Schwert des Geistes zu ergreifen:

Epheser 6,17

Nehmt auch [...] das Schwert des Geistes, das ist Gottes Wort!

Im Gebet reden wir mit Gott und wir hören auf ihn, was er uns sagen möchte. Jeder Mensch ist geschaffen für Beziehungen. Einsamkeit wirkt sich auf jeden Menschen destruktiv aus. Eine wichtige Beziehung ist die zu unserem Gott. Er sehnt sich nach der Gemeinschaft mit uns. Er hat ständig ein offenes Ohr für alles, was uns bewegt und angeht. Genauso dürfen und müssen wir auf das hören, was er uns sagen möchte. Darin finden wir nämlich Ermutigung, Orientierung, Antworten auf unsere Fragen usw.

Zu jeder Beziehung gehört das regelmäßige Gespräch und die Investition von Zeit. Nimm dir täglich diese Zeit. Sie ist durch nichts zu ersetzen!

Gottesfurcht und Gehorsam

Es gilt, Gott zu fürchten, in allen Dingen ihm den ersten Platz zu geben und mit Gehorsam und großem Respekt auf alles einzugehen, was er uns sagt.

Für mich ist dieser Text von Paulus aus dem Philipperbrief eine hervorragende Anleitung, wie wir auf das reagieren sollen, was Gott in uns wirken möchte:

> *Philipper 2,12-13*
> *Daher, meine Geliebten, wie ihr allezeit gehorsam gewesen seid, nicht nur wie in meiner Gegenwart, sondern jetzt [noch] viel mehr in meiner Abwesenheit, bewirkt euer Heil mit Furcht und Zittern! 13 Denn Gott ist es, der in euch wirkt sowohl das Wollen als auch das Wirken zu [seinem] Wohlgefallen.*

Scheinbar finden wir hier in der Bibel einen theologischen Widerspruch. Da ist die Ermahnung, dass wir unser Heil mit Furcht und Zittern bewirken sollen. Für einige klingt das sehr nach Leistung, die wir erbringen müssen. Doch danach kommt eine Aussage, die scheinbar genau das Gegenteil aussagt. Gott bewirkt Wollen und Vollbringen. *„Aha“*, mögen manche denken, *„damit bin ich ja jegliche Verantwortung los. Wenn ich es nicht vollbringe, dann hat Gott es in mir nicht bewirkt.“*

Ich glaube, dass Vers 12 inhaltlich zwischen das Wollen und das Vollbringen aus Vers 13 gehört. Dazu eine kleine Illustration. Gott versucht, dir nahe zu legen, dass du dich wieder mal der Bibel widmen und darin lesen solltest. Er wirkt also gerade ein Wollen in dir. Dieses Wollen ist kein Donnerknall, sondern in der Regel ein leises Reden Gottes in deine Gedanken.

Jetzt kommt es auf deine Reaktion an, was nach diesem Wollen, welches Gott gerade in dir wirkt, kommt. Reagierst du mit Ehrfurcht, Respekt, Gehorsam und Gottesfurcht auf das, was Gott dir gerade sagt? Nimmst du seinen Hinweis, wieder in seinem Wort zu lesen, ernst und bist gehorsam? In dem Moment, wo du positiv und willig auf das Reden Gottes zu dir reagierst, öffnest du ihm alle Türen und Möglichkeiten, dass du auch beim Vollbringen Erfolg haben wirst.

Zwischen dem Wollen, welches Gott dir schenkt und dem Vollbringen, wo wiederum Gott dir hilft, liegt deine Entscheidung!

Die beiden Verse, sind nur oberflächlich betrachtet ein Widerspruch. Inhaltlich zeigen sie sehr schön, dass es immer zu 100 Prozent auf Gott ankommt und zu 100 Prozent auf dich. Gott macht mit dir nichts, was du nicht willst. Aber ohne Gott lebst du aus eigener Kraft und wirst früher oder später frustriert aufgeben.

Abschluss

Gibt es eine Garantie, dass du immer als erweckter Christ leben wirst? Diese Frage ist schwer zu beantworten. Gott ist keine Maschine, bei der wir einfach die richtigen Knöpfe drücken müssen, damit er funktioniert, wie wir es uns wünschen. Gott ist und bleibt Gott.

Er hat uns in seinem Wort viele Prinzipien hinterlassen, wie wir leben können und wie wir leben sollen. Diese Prinzipien öffnen uns Türen in die Gegenwart Gottes und sie öffnen Türen des Segens in unserem Leben. Es bleibt die tägliche Entscheidung, die wir treffen müssen. Jeder neue Tag ist eine neue Herausforderung. Ziemlich sicher werden wir auch Rückschritte und Niederlagen erleben. Aber dann kommt es darauf an, wie wir darauf reagieren. Bleiben wir dran an Gott oder resignieren wir.

Der Schlüssel liegt wahrscheinlich in einer Herzenshaltung.

> *Sprüche 24,16*
> *Denn siebenmal fällt der Gerechte und steht [doch wieder] auf, aber die Gottlosen stürzen nieder im Unglück.*

Es ist die Entscheidung und der Mut, nicht am Boden liegen zu bleiben, sondern immer wieder aufzustehen. Wann immer wir fallen, Rückschläge erleben oder Niederlagen über uns hereinbrechen, steht Jesus an unserer Seite, streckt seine Hand aus, um uns wieder aufzuhelfen. Ergreife diese Hand, bleibe nicht liegen.

Als letzten Satz in diesem Buch die herrliche Verheißung, die Gott uns in seinem Wort gibt. Er hat ein gutes Werk in uns angefangen. Gott macht keine halben Sachen. Was er angefangen hat, das bringt er auch zu einem guten Ende. Lass dich ein auf sein Feuer! Es gibt so viel zu erleben.

> *Philipper 1,6*
> *Ich bin ebenso in guter Zuversicht, daß der, der ein gutes Werk in euch angefangen hat, es vollenden wird bis auf den Tag Christi Jesu.*

Mögliches Gebet

Herr Jesus, ich danke dir für die vielen Momente, in denen du zu mir durch dieses Buch geredet hast. Erfasse mich mit deinem Feuer. Ich möchte brennen für dich und ich möchte viele Menschen ebenfalls anstecken. Danke für deinen guten Heiligen Geist, der mich jeden Tag leitet und das Feuer Gottes in mir am Brennen erhält. Amen.

---

[1] vgl. 1.Petrus 5,8
[2] vgl. Matthäus 4,4

Anhang A: Bibliographie

Anthropologie des Alten Testaments (Hans Walter Wolf)
(c) 1973 Chr. Kaiser Verlag München ISBN 3-459-00848-2

Innige Freundschaft mit Gott (Joy Dawson)
(c) 1992 Jugend mit einer Mission Verlag ISBN 3-906568-05-9

Wenn das Feuer fällt (Reinhard Bonnke)
(c) 1990 Leuchter Verlag eG Erzhausen ISBN 3-87482-146-3

Gottes Generäle (Roberts Liardon)
(c) 2007 Addulam Verlag, Grasbrunn ISBN 978-3-931484-10-1

Revidierte Elberfelder Bibel mit Sprachschlüssel
(c) 1994 / 2001 R. Brockhaus Verlag, Wuppertal ISBN 3-417-25908-8

Hebrew-Chaldee lexicon to the bible (H.W.F. Gesenius)
(c) 1979 Baker Book House, Grand Rapids, Michigan ISBN 0-8010-3736-0

The fear of the Lord (John Bevere)
(c) 2006 Creation House Verlag ISBN 978-1591859925

Feuer fällt in Los Angeles (Frank Bartleman)
(c) 1983 Verlag C.M. Fliß ISBN 978-3922349129

Printed by Books on Demand GmbH, Norderstedt / Germany